Claude Beylie

Max OPHULS

D1717574

L'HERMINIER

La première édition de cet ouvrage (aux Éditions Seghers, Collection Cinéma d'aujourd'hui n°16) remonte à 1963. Il s'agissait alors de rendre à un réalisateur qui fut longtemps sous-estimé, des historiens du cinéma en particulier, l'hommage qui lui était dû. C'était la première étude d'ensemble consacrée à l'auteur de LIEBELEI *et de* LOLA MONTÈS. *Le concours amical de nombreux collaborateurs et proches de Max Ophuls (dont certains ont aujourd'hui disparu) nous avait permis de défrîcher un terrain pratiquement inexploré. Nous tenons à les remercier à nouveau pour l'aide inappréciable qu'ils nous ont apportée, en y associant divers organismes de conservation des films, français et étrangers, plus quelques nouveaux venus :*

— en tout premier lieu Mme Hilde Ophuls (†) et M. Marcel Ophuls, qui avaient mis à notre disposition (et ont continué à le faire depuis lors), outre leurs souvenirs personnels, tous documents, archives, manuscrits, lettres et projets de Max Ophuls utiles à notre travail ;

— ses collaborateurs : Tony Aboyantz, George Annenkov (†), Ralph Baum, Ulla de Colstoun, Dominique Delouche, Alain Douarinou, Paulette Dubost, Jean d'Eaubonne (†), Christian Matras (†), Jacques Natanson (†), Simone Simon, Jean Valère et Pierre Richard-Willm (†) ;

— Martial Bellinger, André Bernard, Maurice Bessy, Raymond Borde, Patrick Brion, Freddy Buache, Raymond Chirat, François Desouches, Gérard Devillers, Hervé Dumont, J.P. Ferrière, Fred Junck, Jacques Ledoux, Dominique Rabourdin, Pierre Rissient, Jean-Claude Romer, Jacques Siclier et par-dessus tout François Truffaut, dont la riche documentation nous a été extrêmement précieuse ;

— la Cinémathèque Universitaire (Paris), les cinémathèques de Bruxelles, Lausanne, Luxembourg et Toulouse ; les bibliothèques de l'Arsenal et de l'IDHEC ; le Ciné-Bazar Le minotaure et la photothèque Cinémania ; les revues '' L'Avant-Scène Cinéma '', *les* '' Cahiers du Cinéma '' *et* '' Télérama ''.

En vingt ans, la connaissance et la réévaluation de l'œuvre du cinéaste ont fait un grand pas. Des rétrospectives en cinémathèques ou à la télévision, de nouvelles diffusions de ses films en salles d'art et d'essai, l'exhumation des bandes les plus rares de la première période, ont permis de vérifier, pour l'essentiel, certaines de nos assertions — aventureuses — d'alors. Plusieurs articles et numéros spéciaux de revues, tant en France qu'à l'étranger, ont approfondi l'exégèse ophulsienne, dont nous avions — modestement — jeté les bases. Nous avons recensé quelques-unes de ces études dans une bibliographie entièrement mise à jour. Pour le reste, nous n'avons pas cru devoir modifier sensiblement les grandes lignes du texte de la première édition — sauf sur quelques points de détail, devenus caducs. Celle-ci ayant été rapidement épuisée, et eu égard à l'accueil très favorable que lui avaient alors réservée la critique et les cinéphiles, il nous est apparu qu'une réédition fidèle répondait à un besoin réel. La voici aujourd'hui, enrichie d'une iconographie entièrement renouvelée.

C.B.

La hiérarchie n'est pas dans les genres,
elle n'est que dans les artistes.
ANDRE BAZIN

Le 26 mars 1957, dans une clinique de Hambourg où il était en traitement depuis quelques semaines, Max Ophuls succombait, terrassé par une inflammation rhumatismale du cœur. Sur sa table de chevet, un livre ouvert : '' Faust '', de Gœthe.

Quel cinéaste fut plus méconnu, plus vilipendé que Max Ophuls ? Quel mesquin et tenace ostracisme s'est exercé, jusqu'à ses dernières années, à l'endroit de son œuvre ! Quel accueil ingrat ne cessa de lui réserver le public, ce public qu'il adorait et s'efforçait pourtant avec constance de ne jamais décevoir ! Quant aux historiens de l'écran, lequel (jusqu'à la spectaculaire réhabilitation récente) osa le situer à sa vraie place ?

Convenons-en, d'entrée de jeu : Ophuls n'a strictement *rien* apporté, comme on dit, à l'histoire du cinéma, d'aucun de ses films — même pas *LOLA MONTÈS* — on ne saurait clamer qu'il est une '' date marquante '' du septième art (c'est bien autre chose, et mieux, que cela), lui-même se présente comme un artiste absolument indépendant, rattachable à aucune école, voire à aucune nationalité proprement dite. Pour pénétrer l'art d'Ophuls, nous aurons plus souvent à nous référer au théâtre allemand, à l'architecture baroque, au classicisme français, à la poésie romantique qu'au '' néo-réalisme '' ou au '' cinéma-vérité '', terminologies qui perdent ici tout leur sens. D'autre part, nous verrons comment Ophuls évolue volontiers d'un registre à l'autre, de l'humour à la gravité, de la légèreté à la profondeur, de la farce au drame. C'est un cinéaste proprement inclassable, chez qui tout prend l'allure de paradoxes.

Premier paradoxe : pas d'œuvre plus purement cinématographique que celle-ci, où tout est conçu en fonction de la seule efficacité visuelle et donne lieu à de continuelles prouesses techniques pour atteindre au but qu'elle se propose ; et cependant, pas d'œuvre non plus qui soit plus immédiatement accessible à une sensibilité formée par la culture traditionnelle. Le vieux dilemme du fond et de la forme ne se pose jamais, car il est dans l'instant et sans effort résolu, dépassé par l'intervention de l'auteur, par sa *touche* personnelle et la pulsation secrète qu'il sait imprimer aux êtres et aux choses. Rythme interne et beauté externe se déploient de concert, palpitent d'un même cœur. Est-ce un tableau, une pièce de théâtre, du cinéma ou de la musique ?

Et maintenant, mesdames, messieurs, place à la danse ! annonce, dans *LOLA MONTÈS*, le chef d'orchestre du bateau. On se souvient du speaker de *LA RÈGLE DU JEU* : Et maintenant, notre concert d'orchestre musette continue. Ophuls, comme Renoir, trouve le point de jonction idéal où la comédie cinématographique s'identifie à la forme la plus haute de la comédie musicale — je veux dire l'opéra. Le miracle est que chacun de ses films, si encombré soit-il de réminiscences ou relayé par d'autres disciplines esthétiques, constitue une œuvre parfaitement originale, une entité indissociable, un corps chimiquement pur.

Paradoxe encore dans la conception même du spectacle que se fait Max Ophuls. Certes, le spectacle sous toutes ses formes exerce sur lui une véritable fascination, et il aime à y situer ses intrigues, comme à y compromettre ses héroïnes. La caméra d'Ophuls ne cesse de vagabonder dans les cintres, de se heurter aux praticables, de se faufiler à travers les rideaux de scène, de tournoyer sur la piste d'un cirque grandiose où les lumières du chapiteau se confondent avec les étoiles du ciel. Pour ce fils de commerçant qui est presque un enfant de la balle, *l'univers est un spectacle* devant lequel l'artiste est en perpétuel état d'émerveillement. Toutefois, au moment même où il exalte le spectacle (ne fût-ce que par le délire de sa caméra), Ophuls en dénonce la vanité profonde : le spectacle désagrège la personnalité, force les êtres à vivre '' en représentation '', alors que seule devrait compter la vie personnelle. Ce déploiement vertigineux dans le monde du spectacle n'est au fond que la compensation d'une secrète mélancolie, d'une pensée qui aspirait à la solitude. Tout se passe en fin de compte comme si Ophuls *niait* le cinéma — spectacle total — après l'avoir affirmé à son plus haut degré.

Un troisième paradoxe réside dans la peinture qu'il fait de la femme. Ophuls est un moraliste anticonformiste, qui pourrait inscrire en sous-titre à l'ensemble de son œuvre : '' Défense et illustration de la femme malheureuse ''. Il ne glorifie, en effet, jamais tant celle-ci qu'après l'avoir précipitée au dernier terme de l'avilissement, acculée au désespoir (ou au suicide), comme si le tréfonds du chagrin était pour elle l'ultime planche de salut ici-bas. Plus elle tombe, plus sa pureté se révèle. Comme Lola, les héroïnes ophulsiennes *donnent leur corps mais gardent leur âme*, ou plus exactement elles trouvent leur âme au-delà du don de leur corps. On peut discuter cette surprenante morale (qui n'était peut-être que le revers d'un donjuanisme exacerbé), mais qui contesterait qu'Ophuls reste assurément l'un des plus subtils portraitistes de la femme que le cinéma nous ait donné ?

Mais l'ultime paradoxe, sans doute le plus inexplicable, est d'ordre plastique : cette prodigieuse architecture baroque que constitue chaque film d'Ophuls est constamment en mouvement, de sorte que nous ne savons plus à la fin si nous avons affaire à un monument, à un palais en plein ciel, ou bien à une valse... Cette œuvre n'est jamais figée, elle se développe comme spontanément sous nos yeux, elle est une *création continuée*. Pour certains, cela se résume en des vocables sournoisement péjoratifs : encore un virtuose, encore un "artiste" ! Cela n'est rien, bien sûr. Pour nous, cela est l'essentiel.

Page précédente :
L'univers est un spectacle...
LOLA MONTÈS **(1955) avec Martine Carol et Peter Ustinov**

Un portraitiste de la femme.
Max Ophuls sur le plateau de *MADAME DE*
avec Danielle Darrieux et Vittorio De Sica

1. L'oiseau migrateur

La vie, pour moi, c'est le mouvement.

LOLA MONTÈS.

6 mai 1902.

Naissance à Sarrebruck, sur les bords du Rhin, de Max Oppenheimer, dans une famille de bourgeois israélites aisés. Son père est un gros industriel dépendant d'une vaste entreprise de confection pour hommes, qui avait des ramifications étendues en Prusse rhénane et en Sarre. Sa mère, née Bamberger, appartient à la haute bourgeoisie sarroise.

Précisons tout de suite un point d'histoire et de géographie qui a, croyons-nous, son importance, dès lors qu'il s'agit de situer la patrie spirituelle réelle de notre auteur : la Sarre, petite province ayant de tout temps bénéficié d'une situation privilégiée par rapport à l'Allemagne, deviendra, par le traité de Versailles de 1918 et jusqu'au fameux '' plébiscite '' de 1935, territoire indépendant, rattaché à la Société des Nations. Ce pays à très forte densité se trouve si étroitement accolé à notre Lorraine que Sarrebruck, la capitale, est à moins de trois kilomètres de la frontière française. C'est dire à quel point Ophuls se trouve, d'emblée, à cheval sur les deux pays, et les deux langues : il opta d'ailleurs, dès que l'occasion se présenta, pour la nationalité française, et fut naturalisé en 1938.

Si d'autre part l'on tient à tout prix à épingler une étiquette '' territoriale '' à Max Ophuls, c'est Rhénan qu'il faut le dire (ou, à la rigueur, Bavarois) et non Viennois, comme le voudrait une légende vivace qui s'appuie sur une méconnaissance profonde de sa vie et de sa carrière. A Vienne, il ne vécut en effet que quelques mois, lors de ses tournées théâtrales, en 1926 : ce sera là le seul tribut effectivement payé par l'auteur de *LA RONDE* à l'ancienne capitale des Habsbourg ; dans cette ville qu'il décrit lui-même, non sans dureté, comme *moribonde* et *toute tournée vers le passé*, au charme sans doute mélancolique et fascinant mais s'accommodant mal du *sol plus rude des grandes cités industrielles de Rhénanie* où se forma son enfance, il ne devait plus jamais remettre les pieds — sinon par le biais plus ou moins inconscient du souvenir. Max Ophuls, quels que puissent être par ailleurs les penchants littéraires qui furent les siens, ou les influences qu'il subit (nous les analyserons), est donc, de par ses racines, infiniment moins '' Viennois '' que Stroheim, Billy Wilder ou Otto Preminger.

Homme du Rhin, il l'est en revanche à cent pour cent, puisque né en bordure de ce fleuve international par excellence, jadis *route des soldats et des moines*, naguère des poètes, demain (peut-être) ciment de l'Europe unie. Les constantes profondes de son tempérament, sinon de son style, c'est là et non ailleurs qu'il faudra aller en chercher la source : sens inné de la nature dont les entrelacs harmonieux seront recréés jusque dans les plus invraisemblables créations de l'esprit, rare instinct poétique, ténacité sans relâche, dévouement fervent à la cause embrassée, penchant à se laisser entraîner vers les extrêmes, enfin maintien d'une certaine discipline au sein des plus délirantes folies, — autant de qualités, ou de défauts, que l'on attribue volontiers à l' ''Allemand du Sud '' qu'est le Rhénan et dont nous trouvons un héritier exemplaire en Max Ophuls. Ajoutons-y une forme assez indéfinissable de '' méridionalisme '' (Sarrebruck a parfois été baptisée '' la Marseille du Nord ''), un sens de l'humour pouvant aller jusqu'à l'hilarité pure et simple, mais sachant aussi bien revenir quand il faut à une gravité presque hautaine : ni rigide comme le Berlinois, ni frivole comme le Viennois, ni logicien à tout prix comme le Français, mais équilibrant finement ces contraires, tel était Max Ophuls, pur produit de ce '' Rhin libre d'Allemagne '' chanté par Nicolas Becker, Lamartine et Musset.

1915.

Le jeune Oppenheimer commence à s'intéresser de très près à l'art dramatique et à la littérature. A l'école, il étonne ses professeurs par sa précocité dans l'appréciation des œuvres littéraires. Le cap de la seizième année sitôt franchi, il échappe à l'influence de sa famille, qui veut faire de lui un commerçant[1], et organise des conférences... pour protester contre la décadence de la bourgeoisie ! Il fait partie des '' Wandervögel '' (Oiseaux migrateurs), jeunes gens amoureux de la nature et ennemis acharnés du conformisme bourgeois. Il fait un peu de journalisme, à la rubrique de la critique dramatique. Sa vraie vocation : le théâtre, il ne semble toutefois en prendre conscience que du jour où il tombe amoureux d'une jeune actrice se produi-

---

1. On trouve un écho de cette vocation contrariée dans le film *DE MAYERLING À SARAJEVO* : au cercle, un honorable bourgeois à lunettes vient confier à ses amis dans la salle de billard qu'il voit déjà pour sa succession la future enseigne de sa maison de commerce : *Oppenheim et fils*.

sant sur la scène de sa ville natale ! Cette amourette lui révèle le monde bruyant du spectacle, des coulisses, des répétitions, un univers fictif et fabuleux dans lequel il va se plonger avec passion.

Il décide d'y consacrer sa vie et (pour l'adolescent qu'il est encore, c'est la filière la plus commode) de devenir acteur. Un de ses professeurs, Fritz Holl, ancien metteur en scène au Théâtre national de Stuttgart, l'encourage vivement et lui choisit, pour ne pas embarrasser sa famille (ni la blanchisseuse, à cause des initiales), le pseudonyme d'Ophuls. L'origine de ce nom, sur laquelle on a beaucoup glosé, doit être recherchée, semble-t-il, dans un souvenir de jeunesse : Holl aurait nourri à la Belle Epoque un amour désespéré pour une demoiselle Ophüls, d'origine danoise. Le patronyme existerait donc réellement, sur de poussiéreuses fiches d'état civil, et il n'est pas impossible que des descendants — authentiques, ceux-là, quoique obscurs — se trouvent encore aujourd'hui, peut-être émigrés aux U.S.A.[2].

C'est le moment de régler, une fois pour toutes, la question du tréma. En allemand, le *umlaut* est utilisé, on le sait, de manière courante, pour distinguer le son *u* (Grünewald) du son *ou* (Schubert). De par ses attaches germaniques, il semblerait logique que l'*u* d'Ophuls fût surmonté d'un tréma, si l'on ne tient pas à prononcer '' Ophouls ''[3]. C'est faire bon marché du fait capital que notre auteur ne s'est jamais considéré comme Allemand '' à part entière '' et fut d'ailleurs, nous le répétons, naturalisé Français. Dès lors, le tréma devenait à ses yeux (comme il l'est aux nôtres, et à ceux de sa famille actuelle) totalement superflu, aussi saugrenu que pourrait l'être un tréma sur l'*u* d'Astruc par exemple ! De surcroît, '' Ophuls '' étant un pseudonyme, ne tombe pas sous le coup de règles grammaticales ailleurs impératives, ce qui donne doublement tort aux adeptes du tréma. Tout au plus l'admettrons-nous dans les textes de nos confrères allemands. Mais l'exemple du principal intéressé, que ce chapeau incongru, complaisamment surajouté par certains de ses compatriotes voulant se donner des airs de germanistes distingués, mettait fort en colère (au point qu'il le fit effacer du générique du *PLAISIR* : la trace en est encore perceptible), nous servira de caution ultime et — osons-nous espérer — irréfutable. Les producteurs américains, que ces scrupules n'atteignent pas, réglèrent de leur côté la question en rebaptisant un moment leur hôte : Max Opuls !

2. Ophuls a raconté qu'il reçut un jour une lettre enthousiaste de cette famille adoptive, lui demandant à quelle branche secrète il appartenait. Ayant révélé le subterfuge, l'usurpateur s'attira cette réponse flatteuse : « Puisque le hasard a fait que vous entriez dans notre maison, restez-y ! Nous vous gardons ! » L'anecdote est presque trop belle pour être vraie.

3. George Annenkov - qui fut un de ses collaborateurs privilégiés - prononçait d'ailleurs couramment '' Ophouls ''.

Débuts au théâtre. Sarrebruck 1919

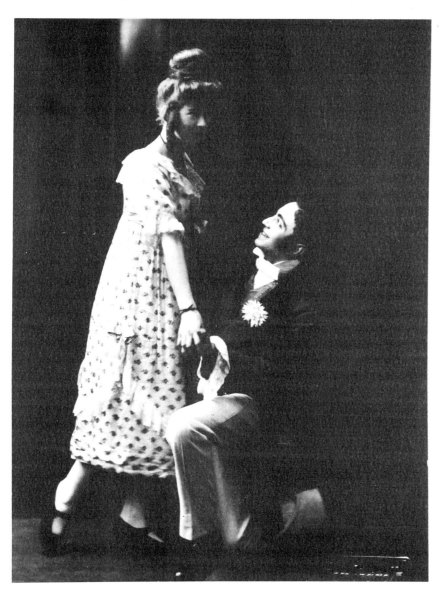

1919.

Débuts d'Ophuls au théâtre sur une scène de Sarrebruck, où il donne la réplique à la jeune fille à laquelle il est fait plus haut allusion. Puis Stuttgart, Aix-la-Chapelle, Dortmund... Il joue n'importe quoi, sans se soucier du genre pratiqué (comédies légères, mélos, pièces à thèse) ni de son succès, qu'il faut bien dire très relatif ! Mais à 22 ans, il signe sa première mise en scène et d'un seul coup un avenir nouveau, immédiatement glorieux, s'ouvre devant lui. A moins de 25 ans, c'est la consécration avec des engagements successifs dans les plus importants centres dramatiques allemands : province d'abord (Francfort, Breslau), enfin Berlin. Carrière prodigieuse, ascension fulgurante... Les comédiens au métier éprouvé, passé le premier instant de stupéfaction, s'inclinent : ce jeune homme est un maître, il a un sixième sens, celui du spectacle, extraordinairement aiguisé. Quelque cent cinquante pièces montées en moins de sept ans ! Nul doute en tout cas que cette période d'intense activité n'ait été, pour lui, décisive. *Nous existons grâce au théâtre... Sans le théâtre, que serions-nous* ? fera-t-il dire, bien des années plus tard, à la comédienne de *LA RONDE.*

Mais l'appel du cinéma va être plus impérieux encore. Y voit-il la possibilité de concilier cette luxuriance de la vie qu'il ne cessera d'exalter, la sauvage beauté des paysages de son enfance, le flux ininterrompu du Rhin, avec la mécanique théâtrale si parfaitement mise au point durant ces premières années ? Peut-il dire, comme le Wilhelm Meister de Gœthe (personnage avec lequel il entretient de nombreuses affinités), que l'art, tel qu'il le conçoit, le transporte hors de lui-même, l'élève au-dessus de lui-même ? Nous le pensons. C'est encore, en tout cas, dans le sillage troublant d'une blonde figurante (rencontrée dans les studios de la U.F.A., la grande firme de l'époque) qu'il fait ses premiers pas dans ce monde neuf, alors en pleine expansion. Son premier film, il le tourne alors que le parlant est à peine né.

Cependant, la dure épreuve d'un premier exil l'attend — lui et les siens. Il a, en effet, pris femme : une comédienne, comme il se doit, parmi les plus douées qu'il eut l'occasion d'approcher (elle abandonnera le théâtre, peu après leur mariage). Un fils, Marcel, leur est né. En 1933 a lieu l'incendie du Reichstag. Entre Ophuls et Hitler, *ce médiocre acteur*, comme il l'appelle, il ne saurait y avoir d'entente possible. Excédé surtout de l'emprise abusive exercée par '' ces messieurs '' sur le travail des studios, Ophuls choisit la fuite. Vers quel havre ? La France bien sûr, qu'il n'a cessé d'honorer, dix années durant, à travers ses poètes et ses dramaturges.

Stadttheater Dortmund

Intendant: Karl Schäffer

Kleines Haus

(Haus des Dortmunder Männer-Gesangvereins)

Freitag, den 30. Mai 1924, abends 8 Uhr

Außer Vormiete   Außer Vormiete

Bunter Abend

Leitung: Heinz Rohleder
Am Flügel: Gotth. E. Lessing

Mitwirkende:

Damen:

1) Hildegard Grethe
2) Martha Gorsky
3) Lies'l Renar
4) Lou Seitz
5) Lina Ziegler

Herren:

1) Gotth. E. Lessing
2) Ernst Vogler
3) Heinz Feller
4) Adolf Ziegler
5) Max Ophüls
6) Hans Bosenius
7) Hugo Roussel

Die Vortragsfolge wird angekündigt durch
Heinz Rohleder

Anfang 8 Uhr   Ende 10 Uhr

Bebr. Ernsting, Dortmund

14

Début 1933.

Grâce à ses papiers sarrois, Ophuls (accompagné de sa femme et de son fils) franchit la frontière sans difficulté. Il dit adieu à l'Allemagne, *aux gens modestes en train de dîner, de lire leur journal, de jouer avec leurs enfants* qu'il aperçoit de la portière du train, et aussi *adieu à la langue elle-même, adieu aux vers de Gœthe et de Kleist qui* [lui] *avaient donné la passion du théâtre*, adieu enfin *aux paysages d'Allemagne, aux forêts et collines, ces paysages sans lesquels le monde* [lui] *semblerait toujours incomplet*[4] — et dont on trouvera, dans plusieurs de ses films futurs, le souvenir ému.

Paris l'accueille. Il y retrouve des amis, émigrés comme lui, et s'aperçoit, à sa grande surprise, qu'il y est déjà célèbre. *LIEBELEI,* son quatrième film, dont il avait à peine pu apprécier le succès sur les écrans berlinois, connaît en effet un véritable triomphe : vingt-cinq semaines d'exclusivité au Studio de l'Étoile. La critique ne tarit pas d'éloges. On organise un gala où sont invités ses acteurs, amis et techniciens. Ophuls, par bonheur, connaît un peu la langue de son pays d'adoption et aime, d'un amour passionné, la France et tout ce qui s'y rapporte. Il lui sera relativement facile de se faire une place aux '' sunlights '' des studios parisiens. Des coreligionnaires, ou des commerçants avisés, lui faciliteront l'effort d'adaptation. Il devra certes, compter avec la participation envahissante de tel ou tel médiocre dialoguiste, cette plaie du cinéma français de toujours, qui lestera sa fantaisie aérienne d'ailes de plomb ; compter avec le souci de rentabilité à tout prix de producteurs tâtant le terrain tant bien que mal ; avec l'inévitable cortège, enfin, d'interprètes à la mode, à clientèle spécifiquement française.

Il ne se limite d'ailleurs pas à la France. Ce qu'il rêve d'être, c'est, au fond, un artiste '' européen '', faisant partager au plus grand nombre possible, dans les langues et sous les climats les plus divers, son amour du spectacle et de la féerie — grâce à une méthode unique, connue de lui seul. L'Italie, la Hollande le reçoivent, et il leur donne la meilleure part de son jeune talent. Il reçoit même une proposition, peu banale, d'aller tenter sa chance dans les studios de l'U.R.S.S. : mais à l'issue d'un petit voyage de reconnaissance, il préfère renoncer...

Il y a un revers de la médaille : l'internationalisme auquel il est ainsi peu à peu conduit lui vaut de se lancer, en 1937, dans une entreprise assez aber-

---

4. La plus grande partie de nos citations, relatives à la vie et à la première carrière d'Ophuls, est empruntée au recueil posthume de '' Souvenirs autobiographiques '', paru à Stuttgart sous le titre '' Spiel im Dasein '' et dont Max Roth a publié (aux '' *Cahiers du cinéma* '', puis chez Robert Laffont) une excellente traduction. Cf. en fin d'ouvrage, bibliographie.

16

rante : l'adaptation à l'écran d'une japonaiserie de l'écrivain cosmopolite Maurice Dekobra, tournée à Paris avec deux vedettes nippones dont l'une était fraîchement émoulue de l'Opéra de Vienne, où elle jouait '' Madame Butterfly '', et dont l'autre ne parlait pas un mot de français ! Ce film, *YOSHIWARA,* restera comme le seul franchement détestable de sa carrière.

En dépit de cet échec (artistique seulement, car cette mascarade exotique connaît un beau succès commercial, le plus fort qu'il ait enregistré depuis *LIEBELEI*), Ophuls est parvenu à s'acclimater et à se faire un nom dans le '' système '' cinématographique français. Quelques critiques : Benjamin Fainsilber, Emile Vuillermoz entre autres, le considèrent déjà à l'égal des plus grands. Tout paraît lui sourire... Et c'est la déclaration de guerre de 1939. Il se retrouve enrégimenté dans les tirailleurs algériens[5] ! Son dernier film inachevé, la sortie du précédent retardée de plusieurs mois, il se ronge les sangs, au camp d'Avord, près de Bourges, écrivant de petits contes, participant à des émissions radiophoniques vengeresses contre Hitler. Mais les événements se précipitent. Il faut fuir encore, laisser tout derrière soi, s'envoler vers de nouveaux rivages...

Juillet 1940.

L'exode, l'avènement de Pétain, l'armistice font de Max Ophuls un juif exilé comme les autres, errant à travers l'Europe décimée. Il se cache, avec les siens, à Aix-en-Provence. D'anciens amis allemands du théâtre, réfugiés en Suisse depuis 1933, manœuvrent pour le faire venir parmi eux, sous le prétexte d'une mise en scène au théâtre de Zurich. Un coup de chance lui vaut d'accomplir ce voyage en pays neutre en tournée quasi officielle, subventionnée par le gouvernement de Vichy, avec la troupe de Louis Jouvet.

Et ce sera, pour la première fois depuis longtemps, en ce précoce automne 1940, deux mises en scènes théâtrales : un *magnifique bain de jouvence... Une véritable cure, une miraculeuse guérison soutenue par tous ses collègues.* La presse helvétique lui fait un excellent accueil. Une troisième et brillante carrière, outre Haute-Savoie, paraît s'ouvrir pour lui. Mais il doit s'expatrier une nouvelle fois. Le droit d'asile en Suisse ne peut lui être accordé que moyennant la qualification de déserteur de l'armée française : il considère que sa patrie d'adoption ne mérite pas, quelles que soient les circonstances, un tel affront. Il y retourne donc, à travers bottes, chicanes et barbelés

---

5. Et non sénégalais, comme il a été parfois soutenu par erreur. Notons qu'Ophuls, expatrié et naturalisé de fraîche date, n'avait, de sa vie, jamais encore accompli de service militaire.

et parvient, franchissant tous les obstacles (exercice périlleux, mais en lequel il avait acquis une certaine routine), à s'embarquer avec sa famille, vers la fin de 1941, pour l'Amérique[6]. Est-il besoin de préciser que cette année-là, traqué par toutes les polices, il ne put se livrer à la moindre activité artistique ?

New York s'avère terriblement bruyant, et Hollywood terriblement fascinant. Mais là encore Ophuls doit repartir à zéro et endurer de longues années de chômage, pendant lesquelles ses confrères plus chanceux considèrent avec pitié cet émigré un peu fou qui se prend pour Max Ophuls ! De cette avant-dernière période, la plus sombre pourtant, il ne trouve à rapporter, plus tard, à ses amis français, que des anecdotes d'une drôlerie irrésistible. Pour donner une idée de son attitude dans ces moments-là, il faudrait, nous dit Jacques Natanson, allier le flegme tragique de Buster Keaton à la mélancolique malice de Chaplin. S'étonnera-t-on de ces références ? Non, si l'on a compris qu'Ophuls, à qui tout espoir de refaire du théâtre (en tant qu'acteur) était a jamais ôté, restait néanmoins comédien dans l'âme. Jusque dans l'adversité, l'humour et le jeu gardaient pour lui la première place.

Chômage, dénuement et pourtant joies continuelles, vitalité jamais faiblissante... Heureusement, l'attitude des Américains à son égard change enfin. Ophuls parvient à remettre le pied à l'étrier, grâce à Douglas Fairbanks Jr, ami et collaborateur de choix. Et ce sera, peu de temps après, la mélodie poignante de *LETTRE D'UNE INCONNUE*, l'une des cimes de son œuvre qui résume, en une synthèse idéale, tout son univers : le *LIEBELEI* de sa période américaine.

1950.

Sonnera l'heure du retour. En France d'abord, où Ophuls réalise les quatre chefs-d'œuvre qui imposent enfin son nom, puis vers l'Allemagne, dernier terme du voyage. L'oiseau migrateur rentre au bercail : c'est à Hambourg en effet que s'achève cette carrière prestigieuse d'artiste à jamais itinérant, de colporteur de génie. Formé dans les coulisses d'un théâtre, Ophuls mourra en pleine gloire de metteur en scène de théâtre. Tandis qu'il agonise dans une clinique des bords de l'Elbe, les spectateurs de la générale de '' La Folle Journée '' au '' Schauspiel Theater '' scandent son nom, debout, et rappellent quarante-six fois les acteurs épuisés. Au même moment, la France, pour qui il a tant fait, lui fait l'injure de déchiqueter son dernier film, *LOLA MONTÈS*, le remaniant à de sordides fins commerciales.

---

6. Date fournie sous toutes réserves, grâce à divers recoupements.

Sur le plateau de *L'EXILÉ* (1947) avec Douglas Fairbanks Jr. et Paule Croset

Le 26 mars 1957 aux premières lueurs de l'aube, Max Ophuls était mort. Il fut incinéré au crématoire de Hambourg-Ohlsdorf, et ses cendres transférées, par un jour maussade d'avril, au Père-Lachaise à Paris. « Un enfant, un enfant terrible et charmant, avec un grand artiste à l'intérieur », ainsi que le définit ce jour-là, bouleversé d'émotion, son ami et collaborateur de la dernière heure Henri Jeanson, s'exilait définitivement de notre monde. Quelqu'un déposa trois roses dans l'anneau fixé à la pierre tombale. Deux mois plus tard, un visiteur qui hantait le colombarium, eut la surprise de voir, dans un décor lugubre de fleurs fanées, trois roses épanouies, aussi fraîches qu'au premier jour.

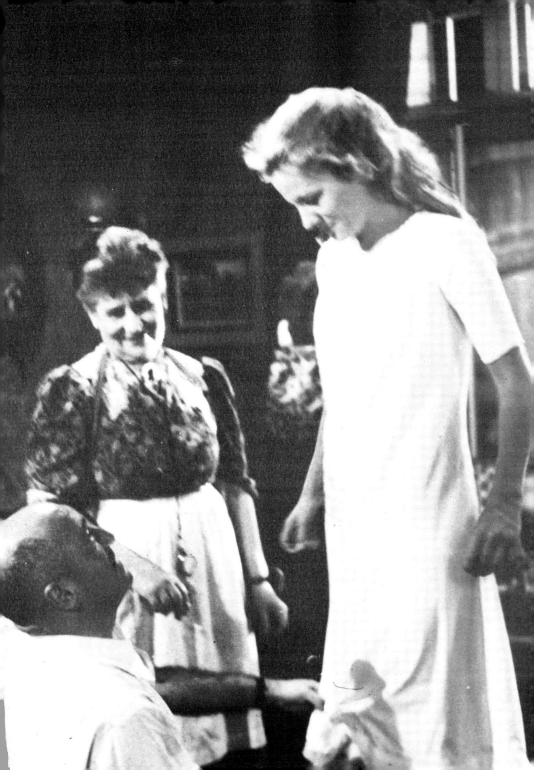

Au tournage de *LA FIANCÉE VENDUE* (1932) avec Jarmila Novotna

Page précédente :
Max Ophuls aux pieds de son interprète Joan Fontaine
sur le plateau de *LETTRE D'UNE INCONNUE*

2. Les années d'apprentissage

La rencontre extrême de l'art
N'est-ce point l'adieu le plus doux ?
RAINER MARIA RILKE.

LE MAQUIS DES INFLUENCES

Un critique littéraire remarquait naguère : « Ceux qui ont voulu étudier en entier le processus de création d'un romancier savent à quelles surprises ils doivent s'attendre. Pour une influence que l'on suit à la trace, combien d'autres sont invérifiables, du fait même qu'elles se situent à des profondeurs que le critique a du mal à explorer. S'ils n'en avaient pas parlé eux-mêmes, qui trouverait, derrière Dostoïevsky, George Sand et Eugène Sue, ou derrière Hemingway, Stendhal, Flaubert et Tourguéniev ? Qui penserait à Meredith inspirant Proust, à Jean-Paul Richter inspirant Giraudoux ? »[1] Cette remarque s'applique *a fortiori* au cinéaste, d'autant que le septième art constitue, comme on le sait, pour les meilleurs de ses servants (Murnau, Renoir, Fritz Lang, Welles, Ophuls) tout comme pour les pires une sorte de synthèse, de prolongement de toutes les disciplines esthétiques antérieurement pratiquées (ou convoitées) : littérature, théâtre, architecture, etc. Aussi les tentations sont-elles grandes pour le critique, et les surprises non pas moindres pour autant, de se référer, dans l'exploration d'une œuvre cinématographique, à tout ce qui la sous-tend et lui sert de tremplin, conscient ou inconscient. Les préférences implicites, s'ajoutant aux adaptations explicites d'œuvres préexistantes, permettent ainsi de dresser d'emblée un prestigieux florilège des auteurs et des disciplines qui composent pour chaque cinéaste une manière de trame esthétique sous-jacente, de soubassement mental.

Avec Ophuls, la chose se complique toutefois par suite d'une véritable voracité à tout embrasser, à tout amalgamer, tant et si bien que la quasi-totalité du savoir humain ne serait pas de trop pour éclairer tel aspect particulier d'une personnalité invraisemblablement riche, fertilisée de toutes parts. De surcroît, à côté de musiciens, poètes ou dramaturges de premier plan, tels que Musset, Gœthe ou Mozart, il convient d'englober nombre d'auteurs mineurs, lesquels risquent de surcharger singulièrement le tableau : les Zweig, les Zuckmayer,

---

1. Guy Dumur, dans sa chronique littéraire de '' *France-Observateur* '' du 30 août 1962.

les Georg Kaiser, les compositeurs anonymes de naïves complaintes rhénanes ou de lieder mille fois ressassés, voire les comédiens de troisième ordre, les clowns et tous les artisans du spectacle, si humbles soient-ils, qu'Ophuls aimait peut-être par-dessus tout. On notera aussi le curieux phénomène suivant : toute sa vie Ophuls a adoré Mozart, mais c'est à Oscar Straus qu'il a préféré demander la musique de ses films. Toute sa vie il a lu Balzac et Stendhal mais jamais n'a osé les porter à l'écran[2]. Toute sa vie Goethe fut à son chevet, mais il ne s'estimait pas digne de le couvrir du revêtement moderne du cinéma. (L'unique fois où il s'y est risqué, il la regrette.) Il mourait d'envie d'adapter pour l'écran '' La Princesse de Clèves '' : c'est un mince récit de Louise de Vilmorin qu'il choisit. Cette pudeur, cette coquetterie supérieures ne sont pas faites pour nous faciliter la besogne. Aussi bien ne faudra-t-il point s'étonner que les noms les plus hétéroclites voisinent ici, et que d'autres apparaissent encore au cours du périple que nous allons entreprendre à travers le paysage ophulsien. L'addition de ces multiples influences donnerait un total hybride s'il n'était manifeste que la sensibilité profonde d'un créateur est irréductible, en fin de compte, à tout ce qui a pu, même durablement, la féconder.

En vrac, nous dirons donc que le génie ophulsien prend sa source à la fois dans le XVIIe siècle français, pour ce que celui-ci lui enseigne d'exquise gravité et de sens des valeurs absolues, et dans les flonflons trompeurs des petits-maîtres allemands ; à la fois dans l'érotisme tendre, tout en arabesque et en sourires à double sens, d'un Crébillon fils (tel qu'il s'exprime par exemple dans '' Les Egarements du cœur et de l'esprit ''), et dans le déchirement secret d'un Nerval, lorsque celui-ci évoque « ... un bal masqué au printemps, un bal qui commence aux splendides lueurs du soir et finit aux teintes bleuâtres du matin[3] » ; à la fois dans le romantisme flamboyant et baroque d'un Delacroix et dans une quête désespérée d'intimisme et de solitude, du côté de chez Chagall ; dans un attrait irrésistible de l'exotisme (qui le pousse vers les auteurs les plus contraires à sa nature) et dans la nostalgie non moins irrésistible d'un paysage pur de toute immixtion étrangère, quelque part sur les bords du Rhin ; à la fois chez Schubert, le Schubert de l' ''Octuor '' et du '' Voyage d'hiver'', et chez Wolfgang Amadeus Mozart, celui des sérénades mais aussi du '' Requiem '' et de '' La Flûte enchantée '' ; chez Stendhal, dont Ophuls a « la lucidité et la justesse, » et chez Balzac, dont il retrouve « la force lyrique et le sens des perspectives » (ainsi que le note pertinemment

---

2. Il se borne à quelques allusions discrètes : '' De l'amour '', par exemple, dans LA RONDE. De même, Mozart est '' cité '' dans LOLA MONTÈS.
3. Gérard de Nerval, '' Souvenirs de Thuringe. ''

Dans l'univers d'Arthur Schnitzler : *LA RONDE* **(1950) avec Isa Miranda et Jean-Louis Barrault**

Page précédente **: un mince récit de Louise de Vilmorin.**
Avec Danielle Darrieux dans le décor de *MADAME DE* **(1953)**

Philippe Demonsablon[4]) ; la sensibilité poétique la plus proche de la sienne étant peut-être, en définitive, celle d'Henri Heine, l'auteur des '' Reisebilder '', chez qui la tendre mélancolie rhénane s'incorpore dans une impeccable rigueur classique héritée de son amour pour la France. Ajoutons encore : Ruysdael, Brueghel, Watteau (pour le sens pictural), Boccace, Maupassant et Tchékhov (pour le sens romanesque), et au plus haut degré de l'échelle sans doute, le '' Faust '' de Gœthe et '' Le Chevalier à la rose '' de Richard Strauss.

On observera qu'aucun auteur contemporain, aucun paysage réellement moderne ne figurent dans ce '' maquis des influences '' : non qu'Ophuls ait une prédilection morbide pour le passé, comme on l'a prétendu quelquefois, mais parce qu'il ne voyait, dans les sollicitations de la vie ou de la littérature d'aujourd'hui, que *cruauté et pessimisme* (selon ses propres termes). Il s'arrêtait à Erckmann-Chatrian, Anatole France et Schnitzler, et ne faisait une exception que pour Pirandello. S'il admirait Brecht, qui fut même un moment son ami, c'était bien davantage pour l'audace des ses mises en scène que pour son œuvre proprement dite. Il tolérait Proust, mais détestait cordialement Barrès et Gide. Quant au cinéma, je ne sache pas qu'il l'ait beaucoup pratiqué avant de mettre lui-même la main à la pâte, mais il conviendrait sans doute d'inclure ici les noms des deux ou trois confrères qu'il admirait secrètement : F.W. Murnau, Fritz Lang, Jean Renoir ; et de quelques films tels que GENTLEMAN JIM (Walsh) ou MEET ME IN SAINT-LOUIS (Minnelli).

THEATRE, MON BEAU SOUCI...

Mais au-delà de toute inspiration '' humaniste '', si déterminante qu'elle ait pu être, c'est plus encore, croyons-nous, dans le théâtre qu'il faut aller chercher les racines de l'art ophulsien : non pas seulement le théâtre écrit, mais le théâtre *en acte,* la représentation spectaculaire, la comédie que l'on '' donne '' au public. Dans une lettre (inédite) à Jan Kiepura, datée du 6 octobre 1944, Ophuls cite cette phrase de '' Wilhelm Meister '' : « Qui veut progresser dans le théâtre doit être capable de passer des nuits blanches, stimulé par la seule joie qu'il éprouve et pour l'amour de son art... » Il ne faut pas chercher plus loin les motifs de sa passion pour le spectacle, que celui-ci

---

4. '' Max Ophuls ou l'école du roman '' ('' *Revue des lettres modernes* '', numéro spécial *Cinéma et Roman*, été 1958).

soit musical, théâtral ou cinématographique. C'est la joie seule qui le porte : '' Freude, schöner Götterfunken... '' Joie de créer un autre monde de ses mains, de le sentir vibrer, de le faire battre au rythme désiré. Qu'il s'agisse alors de Shakespeare ou de Smetana, de Kleist ou de Strauss, de Bernard Shaw ou de Schnitzler, c'est chaque fois la même re-création personnelle, le même *bearbeitung* qui en fait, par une transmutation subtile et débridée, '' de l'Ophuls '', chimiquement pur.

C'est à Schnitzler surtout qu'il s'identifie de la sorte le plus intensément. « Un esprit fin, une sensibilité délicate, un mondain et un désabusé », tel est le portrait que trace d'Arthur Schnitzler, dans son '' Théâtre allemand d'aujourd'hui '', René Lauret. Schnitzler est un peu le Marivaux ou le Musset allemand, un Musset qui aurait écouté (d'une oreille frivole) les leçons du professeur Sigmund Freud, évoluant de la mélancolie un peu décadente d'œuvres telles qu' ''Anatole '' ou '' La Ronde '' au drame sentimental et à la pièce historique. Notons que les Français se montrèrent de tout temps assez insensibles au tragique sous-jacent des meilleures '' comédies '' de cet auteur, « comédies avec des velléités de profondeur, disait Alfred Kerr ; ni tout à fait profondes, ni tout à fait des comédies ». Comment Ophuls n'aurait-il pas eu la plus grande admiration pour ce Viennois au dandysme crispé, qui déclarait voir dans la mort « le grand but » ?

Moindre, mais non négligeable, fut l'influence de Georg Kaiser, précoce et fécond auteur de vaudevilles et de comédies, faisant montre çà et là d'une âpreté qui passe les limites de la farce pour basculer dans un tragique à peine déguisé, et obsédé — comme nombre de ses contemporains — par le motif sexuel. Son œuvre la plus connue, '' Colportage '', est une mystification dramatique, une pièce qui se moque de son propre sujet ; c'est cet aspect de '' mélodrame au second degré '' qui, apparemment, exercera une certaine fascination sur le jeune Ophuls.

Signalons encore la coupable affection qu'entretenait Ophuls à l'endroit d'une pièce un peu lourde de Carl Zuckmayer : '' Der fröhliche Weinberg '' (La vigne joyeuse). C'était une sorte de bacchanale, de fête populaire à la gloire du vin, dont le succès sur les scènes allemandes, aux alentours des années vingt, fut énorme. Le parler dialectal rhénan y est utilisé de façon quasi ubuesque, et l'on peut penser que ce côté agressivement régionaliste ne fut pas pour déplaire au jeune '' provincial '' Max Ophuls.

En tant que metteur en scène de théâtre, Ophuls fut un grand admirateur de l'autre '' grand Max '' allemand, Reinhardt. On ne peut dire toutefois qu'il fut son disciple. S'il s'inspira de ses tendances à l'hyperstylisation et proscrivit aussi impitoyablement tout recours au naturalisme (le grand ennemi), il ne tomba pas davantage dans les excès du '' colossal '' et préféra se cantonner dans une légèreté de bon aloi. C'est la même différence qui sépare Ophuls, auteur de films, d'un Stroheim. Mettre en scène, cela signifiait pour Ophuls essentiellement *donner le rythme*, comme on dirige un orchestre. C'est la raison pour laquelle il s'attira, lors d'un séjour en Italie, l'admiration passionnée de Toscanini. Sa préoccupation était : substituer au hiératisme glacé d'une certaine conception du théâtre le mouvement tourbillonnant de la vie. Ce fut lui qui mit au point, à Francfort, les premières scènes tournantes. Cette vocation d'un théâtre '' frénétique '' (sans excès romantique, cependant) trouvera son couronnement dans sa dernière mise en scène, '' Le Mariage de Figaro '', dont il entendait mettre surtout en valeur le sous-titre : '' la folle journée ''.

Autre souci fondamental d'Ophuls : plaire à chaque spectateur, *à tout le public et aussi à la demoiselle de la caisse*, disait-il. Comment ne pas évoquer Mozart, prétendant de même[5] que pour rencontrer le succès — le plus durable — il fallait écrire « des choses si intelligibles qu'un conducteur de fiacre puisse aussitôt les fredonner » ? On n'ose écrire : théâtre populaire, en un temps où le mot, galvaudé, a perdu tout son sens. A cet égard, pourtant, la lecture du répertoire théâtrographique d'Ophuls, que l'on trouvera par ailleurs, est singulièrement instructive.

C'est pour la même raison, sans doute, qu'Ophuls, loin de ne s'intéresser qu'aux premiers rôles, aux '' vedettes '', attachait une importance toute particulière aux acteurs de composition, aux silhouettes secondaires, et par-dessus tout aux '' bons gros '', aux clowns, aux comparses rigolards. Un Félix Bressart, acteur comique jouant les ours mal léchés de façon désopilante, un Curt Bois, petit acrobate sautillant, un Karl Valentin, un Max Adalbert, un Heinz Rühmann, surtout le prodigieux tempérament d'un Werner Finck, qui fut un de ses acteurs-mascottes[6], mettaient littéralement Max Ophuls en liesse. Le génie du théâtre, c'est chez de tels comédiens, formés parfois à la dure école du cirque (il n'y avait dans cette tradition rien qui le choquât, bien au contraire), plutôt que chez des Werner Krauss, des Lucie Höflich ou des Elisabeth Bergner, qu'Ophuls aimait aller le chercher. *Notre métier*, disait-il[7],

---

5. Cité par Jean Chantavoine, in '' Mozart '' (Plon, ed., p. 139).

6. Finck est moins un '' acteur '' dans le sens traditionnel du terme qu'un chansonnier de cabaret ou de revue. Avant l'avènement d'Hitler, il fut l'animateur de l'un des plus importants cabarets antinazis de Berlin (où il créa quelques sketches et gags mémorables) : c'est là qu'Ophuls le connut.

7. Propos rapporté par Marcel Ophuls.

*le fondement de notre métier c'est le cirque, et par conséquent les grands aris-
tocrates de ce métier, les seuls qui façonnent leur corps, leur cœur, leur âme
pour les montrer au public, ce sont les acrobates et les clowns...* Comment,
dans ces conditions, n'eût-il pas souhaité ardemment leur ressembler ?

De l'adaptation que Max Ophuls fit du '' Mariage de Figaro '', en 1956,
à Hambourg, un critique, Willy Haas, écrivit[8] qu'elle accordait sans effort,
en une synthèse idéale, des conceptions très diverses, voire divergentes, de
l'art du spectacle et aussi de l'art romanesque : Commedia dell'arte et
'' Comédie humaine '', Guignol et Molière, Beaumarchais et Mozart. Soit
le génie populaire et le génie noble, l'art français et l'art allemand, les styles
les plus opposés en un seul. Poète, musicien, peintre, dramaturge, Ophuls
était, pensons-nous (comme son illustre devancier Richard Wagner, bien
qu'aux antipodes de ses méthodes et de ses buts) à la recherche de *l'art total*,
ni théâtre, ni film, ni partition, mais tous trois ensemble, consubstantiels. Sa
vie entière fut orientée dans ce sens.

Le théâtre tel que le pratiqua Max Ophuls, tout au long de sa carrière, est
un théâtre vital, disons même (avec la nuance ésotérique qui se glisse dans
ce vocable, et qui n'eût certes pas été pour déplaire à son promoteur) *vita-
liste*. On est tenté d'y voir, comme le fera Jacques Audiberti parlant de *LOLA
MONTÈS*, « tous les génies de l'humanité en bouquet serpent[9] ». Fantaisie
décorative, direction d'acteurs étourdissante, efficacité spectaculaire, humanisme, autorité créatrice absolue : si le cinéma n'existait pas, Max Ophuls
l'aurait inventé.

DE QUELQUES AMOURETTES

Ophuls était entré dans le cinéma par la petite porte : de l'assistanat-
interprétariat chez Anatol Litvak, lequel tournait l'adaptation cinématographique d'une opérette à la mode : '' Nie wieder Liebe '' ('' Plus jamais
d'amour ''), en même temps que son confrère Jean Boyer réalisait la version française[10]. Un jeune homme parlant tant bien que mal les deux langues
avait sa place toute trouvée sur les plateaux de la U.F.A. Rien à retenir de

8. '' *Die Welt* '', 7 janvier 1957.
9. '' *Nouvelle N.R.F.* '', n° 52.
10. Au début du parlant, le doublage, ce champignon parasite du cinéma sonore, n'avait pas encore droit
de cité, sous la forme que nous connaissons aujourd'hui. La grande devise de la U.F.A., firme aux ramifications multiples, était alors : « Défense de doubler ». D'où la prolifération des versions '' mixtes '' mêlant
techniciens et vedettes des deux nationalités : *L'OPÉRA DE QUAT'SOUS, LE CONGRÈS S'AMUSE, LE TESTAMENT DU Dr
MABUSE...* et *LIEBELEI*. On tournera encore quelques versions bilingues jusqu'en 1936-1937 : *LE JOUEUR, LES GENS
DU VOYAGE,* etc.

Le spectacle dans le spectacle.
ci-dessous : LOLA MONTÈS **(1955)**
Page suivante : DIVINE **(1935)**

cette première expérience : le film, un médiocre succédané du *CHEMIN DU PARADIS*, avec un jeune milliardaire américain misogyne, petites femmes en maillot de bain et croisière maritime mouvementée (le tout en studio), n'offrait rigoureusement aucun intérêt. Pour Max Ophuls, ce fut surtout l'occasion d'apprécier le galbe des figurantes et actrices de second plan, elles du moins bien décidées à ne pas respecter l'interdiction contenue dans le titre allemand (le titre français, *CALAIS-DOUVRES,* s'avérant nettement plus banal).

Plus révélateur à bien des égards, encore que de proportions modestes, va être le premier film, moyen métrage plus exactement, qu'il mettra en scène pour son propre compte, quelques mois plus tard : *DANN SCHON LIEBER LEBERTRAN* (ce qui peut se traduire par : '' Nous préférons notre huile de foie de morue''). C'était une féerie : *Sans trop m'en rendre compte*, remarque Ophuls, *j'ai toujours été attiré par ces choses-là.* Une plaisanterie poétique d'Erich Kästner lui en fournit le thème : si l'ordre des choses changeait ici-bas, que ce soit aux parents d'obéir et aux enfants de commander, la vie ne serait-elle pas plus drôle ? Il apparaît que non, et que l'ordre ancien n'est pas si contestable qu'il en a l'air. Mieux vaut encore ingurgiter la cuillerée quotidienne d'huile de foie de morue que de se débattre avec mille problèmes. Faut-il interpréter ce conte dans le sens d'un acte de foi envers l'enfance ? Ou bien d'une adhésion souriante à l'ordre du monde tel qu'il se présente, entraînant une sorte de méfiance à l'égard des révolutions et de leur prétentieux idéalisme ? *Qu'elles viènnent de droite ou de gauche,* dira Lola Montès...

1931 : coup sur coup, Ophuls entreprend deux films pour une maison de production indépendante ; il se désintéressera pratiquement du premier, pour lequel avait été engagé l'excellent acteur comique Heinz Rühmann, après deux mois de préparation intensive[11], et ce n'est qu'avec l'autre, lui tenant apparemment plus à cœur, qu'il se sentira, dit-il, *porté pour la première fois du début à la fin* et pourra imprimer son rythme à un film : ce sera *DIE VER-LIEBTE FIRMA* ('' Le Studio amoureux ''), *histoire d'une joyeuse platitude, agrémentée de chansons et de danses.* On notera que le mot ''amour '' est, explicitement, le commun dénominateur de ces premiers essais cinématographiques : Nie wieder *liebe*, Dann schon *lieber*, Die ver*liebte*, et bientôt *Lie-be*lei... Sans doute, amour et cinéma ont-ils toujours fait bon ménage, particulièrement aux environs des années trente. Mais il n'est pas interdit de penser que Max Ophuls apportait à cette conjonction une tendresse toute particulière.

11. En ce qui concerne ce second film avorté, se rapporter à notre rubrique Projets in Filmographie.

En tout cas, sous son apparence badine, cette seconde œuvre annonce — sans illusion rétrospective possible — un thème cher à Ophuls : le spectacle dans le spectacle, le cinéma au second degré. Toute l'action se passe, en effet, dans un studio de cinéma, celui-là même où fut réalisé le film : conquis par le charme d'une petite employée des postes d'un village où ils sont venus tourner en extérieurs, les techniciens et figurants d'un film l'entraînent avec eux pour lui faire remplacer l'orgueilleuse vedette, qu'ils détestent. Elle finit, après bien des péripéties charmantes, non par décrocher le rôle, mais, ceci valant bien cela, par épouser un membre de l'équipe ; et tout finit par des chansons... L'entremêlement des deux plans de réalité, simple principe d'économie à l'origine, se répercuta de manière plus délicieuse encore qu'Ophuls ne le prévoyait : le tournage de *DIE VERLIEBTE FIRMA* provoqua en effet, au sein même de son équipe, une cascade de mariages !

On notera surtout dans ce film la première apparition d'un personnage typiquement ophulsien : la petite jeune fille romantique, proche parente de la '' süsse Mädel '' des comédies naturalistes, dont l'intervention bouleverse le conformisme des situations traditionnelles. Sa simplicité sans fard fait éclater l'hypocrisie des gens en place : c'est déjà l'esquisse de *LIEBELEI* et de *DIVINE*. Dirons-nous que l'originalité d'Ophuls réside dans un certain érotisme, mêlé d'amertume, qu'il attache à ce personnage ?

LA FIANCEE ET LES HERITIERS.

A l'automne de cette même année 1931, Max Ophuls entreprend, dans les prés de la campagne munichoise, sa première œuvre de réelle importance, *un film très gai, très tendre, quelque chose d'assez proche des tableautins que jouaient les comédiens itinérants du Moyen Age : LA FIANCÉE VENDUE,* d'après l'opéra-comique de Smetana. Quel est ici son dessein ? Il est clair qu'il ambitionne de rassembler, pour sa première '' grande mise en scène '', théâtre, musique et cinéma, les trois arts majeurs ; mais que cela soit sans pompiérisme, sans appareillage de grand opéra, tout au contraire dans le registre le plus désuet, le plus provincial : le marivaudage folklorique. On connaît l'argument, empreint d'une sensualité naïve et un peu sucrée : Marie, jolie fille d'un bourgmestre de village, épousera-t-elle le riche dadais qu'on lui destine, ou bien le beau et malicieux jeune homme, au passé incertain, dont elle est amoureuse ? La famille s'en mêle, et aussi le cocasse marieur du village, tout paraît aller de travers, mais voici qu'arrive un cirque ambulant et qu'à la faveur de la représentation les couples désunis se raccordent... S'appuyant sur ce *chef-d'œuvre de naïveté directe*, ainsi qu'il juge lui-même la féerie bohémienne du maître tchèque, Ophuls réalisa, pour son troisième coup d'essai, un coup de maître : il en fit une des rares '' comédies musicales '' d'outre-Rhin qui puisse être comparée à ses sœurs américaines et qui fut d'ailleurs leur aînée, sans que l'on puisse déceler de l'une aux autres une filiation quelconque. Le flirt de la musique vocale et du cinéma, très à la mode en ces premières années du parlant, ne donna presque partout ailleurs (voir par exemple *CIBOULETTE* de Claude Autant-Lara) que des résultats hybrides : *LA FIANCÉE VENDUE* fut et demeure, après le brouillon de *DIE VERLIEBTE FIRMA,* la seule réussite à peu près totale d'un genre sans doute mineur. Là où un cinéaste confit en dévotion musicale eût immanquablement fait sombrer l'œuvre dans le ridicule, l'art délicat et impétueux à la fois d'Ophuls, une tendre ironie sous-jacente, le délire de la caméra virevoltant en compagnie de petites filles rondes, rajeunissent la vieille rengaine. C'est du cinéma *allegro vivace,* dont le démarrage foudroyant laisse pantois d'admiration encore aujourd'hui[12].

Le film qu'Ophuls réalise ensuite, en moins de six semaines (mars-avril 1932 environ), pour la U.F.A. : *DIE LACHENDEN ERBEN* ('' Les Joyeux Héritiers ''), est de bien moindre importance. *Une distribution éblouissante pour un scénario inepte, insipide, d'une platitude à toute épreuve,* avoue-t-il lui-même, avec sa sévérité coutumière. Il s'agissait comme nous avons pu en juger sur une copie, retrouvée récemment[13], d'une sorte d'adaptation, sur le mode lourdaud de la comédie allemande, de '' Roméo et Juliette ''. Les difficultés de tournage en extérieurs, sur les bords du Rhin (pluie incessante), l'horizon politique de plus en plus menaçant, surtout peut-être le projet, déjà avancé, de *LIEBELEI,* autant d'éléments qui le firent se désintéresser d'une entreprise strictement '' commerciale ''.

LA JEUNE FILLE ET LA MORT

Et ce fut *LIEBELEI.* Le seul bon film d'Ophuls, selon la vieille garde de la critique et les historiens aux vues étroites[14]. Tout simplement l'œuvre clef de cette première période, dont le souvenir fidèle imprégnera toutes les autres. Au départ, il y a, on le sait, une pièce d'Arthur Schnitzler, dramaturge autri-

12. Ce fut le premier film d'Ophuls à bénéficier d'une sortie en France, discrète certes, en version originale non sous-titrée, le 5 mai 1933, au cinéma des Capucines à Paris. Une seule semaine d'exclusivité n'empêcha point qu'il fut remarqué et complimenté par la critique. Marcel Carné, alors jeune journaliste, écrivait : « Sur la foi du titre, nous redoutions le pire. Aussi, combien agréable a pu être notre surprise ! Le film est suffisamment animé, pittoresque et mouvementé pour que l'impression de théâtre ne subsiste guère, si l'on excepte quelques chœurs » ('' *Ciné-Magazine,* '' mai 1933). Dans '' *L'illustration* '', Robert de Beauplan estime que ce « film tchèque de Max Ophuels [sic] est des plus agréables par l'impression de fraîcheur et de jeunesse qu'il laisse ». Quant au chroniqueur anonyme de '' *La Cinématographie française* '', il loue « la liberté de la technique, la souriante facilité de tous ces chanteurs qui jouent et vivent avec naturel, la grâce des costumes, des paysages et le charme de la musique... » (3 juin 1933).

13. Par la Cinémathèque Royale de Bruxelles, à laquelle nous sommes redevables de nombreuses '' revisions '' de films d'Ophuls.

14. C.f Bardèche et Brasillach '' Histoire du Cinéma '', t. I.

36

chien auquel Ophuls vouait, nous l'avons dit, une grande admiration[15]. *LIE-BELEI* n'est pas exactement, comme on le prétend parfois, une œuvre '' de jeunesse '', puisque Schnitzler avait passé la trentaine quand il l'écrivit et qu'elle fut créée (le 5 octobre 1895) au Burgtheater de Vienne. C'était, selon Robert de Beauplan, « la première pièce naturaliste présentée devant la cour et elle y causa quelque scandale. Schnitzler avait en effet souligné l'arrogance de la bourgeoisie devant les petites filles du peuple. Il avait conté l'aventure d'une Mimi Pinson viennoise amoureuse d'un bel officier et victime de cet amour que les préjugés et l'égoïsme de classe persistaient à considérer comme une simple amourette[16]. »

L'histoire est, à vrai dire, à la limite du feuilleton sentimental : Christine, fille unique d'un modeste violon à l'orchestre d'un petit théâtre de Vienne, tombe amoureuse de Fritz Lobheimer, l'officier de la garde impériale que lui a fait connaître son amie Mizzie Schlager, jeune modiste aimant bien la compagnie des galants militaires. Fritz pour sa part ne prend guère au sérieux cette amourette : le détournera-t-elle du moins d'une liaison qu'il vient de rompre avec une femme du grand monde et qui menace de se terminer fort mal ? Un moment, oui : dans la griserie d'une nuit passée à boire et à danser avec Christine, Mizzie et son ami Théodore Kaiser, il oubliera... Mais le mari de son '' grand amour '' de la veille le poursuit de sa vengeance et le provoque en duel. L'honneur commande. Fritz est tué et enterré par ses amis à la hâte. Théo ira annoncer la nouvelle à Christine, restée dans l'ignorance du drame. *Il vous aimait certainement beaucoup*, dit-il. A quoi celle-ci, bouleversée répond : *Aimer ? Lui ! J'étais son passe-temps... et il s'est fait tuer pour une autre ! Mais moi, je l'adorais, ne le savait-il pas... que je lui aurais tout donné... que je serais morte pour lui... qu'il était tout mon bonheur ? Il ne s'en est même pas aperçu ! Et on l'a tué, on l'a mis en bière, on l'a mené au cimetière, sans que j'aie pu le revoir ! Conduisez-moi sur sa tombe...* Théo se récrie : *plus tard, demain...* Christine éclate alors d'un rire terrible : *Demain ? Quand je serai plus calme ? Ou dans un mois, quand je serai consolée... et dans six mois, je rirai de nouveau ! Ne vous mettez donc pas en peine je trouverai le chemin*[17]. Et sur ces mots la petite fille de Vienne à l'accent faubourien se jette par la fenêtre...

Le propos de l'écrivain est d'abord, on le voit, essentiellement réaliste : '' Liebelei '' (tout comme '' La Ronde '', écrite cinq ans plus tard) est pour

---

15. Une première adaptation cinématographique de la pièce de Schnitzler fut faite en Amérique, à la fin du muet, sous le titre *LA DAME AUX ORCHIDÉES* avec pour interprètes principales Vivian Gibson (la baronne) et Evelyn Holt (Christine). Le film fut distribué en France en décembre 1928.

16. '' *La petite illustration* '' (4 novembre 1933)

17. Traduction de Suzanne Clauser.

lui une critique sociale avant d'être une tragédie. On peut résumer la pièce ainsi : « Les pauvres ont le droit d'aimer comme les autres. Mourir d'amour, pour eux, n'est pas un vain mot. » Dès lors, le personnage de Christine atteint sans doute, dans la scène finale telle que nous l'avons résumée, un dépouillement exceptionnel, et dégage sans peine une émotion intense. Dans l'adaptation théâtrale que l'on put voir au Vieux-Colombier à Paris[18], le jeu de Ludmilla Pitoëff mettait parfaitement en valeur ce caractère à la fois populaire et intensément noble, renforcé par la modestie du décor : une petite chambre de bonne sous les combles. Telle quelle, la pièce demeure une tranche de vie aigre-douce, conforme à l'optique désuète de l'école naturaliste.

Ophuls, tout en suivant d'assez près la lettre et même l'esprit de Schnitzler, détache l'œuvre résolument de son contexte social et la situe dans une sorte d'intemporalité poétique, dans le *no man's land* du rêve, dans cet univers féerique qui, décidément, est le sien. C'est le moment de rappeler, une fois de plus, que sa sensibilité est rhénane et non pas viennoise : Vienne ne sera jamais pour lui une réalité, mais un décor vu d'assez loin, propice aux arabesques de la rêverie. L'extrême souplesse de la caméra glissant avec les amants dans un paysage neigeux[19], le signe invisible et cependant implacable de la fatalité, l'apport capital de la musique (qui commence par '' L'Enlèvement au sérail '' et s'achève par le premier mouvement de la '' Cinquième Symphonie '' de Beethoven), certaine qualité de sourire qui n'appartient qu'au cinéaste, tout concourt à vivifier l'univers somme toute assez fabriqué du dramaturge, à en extraire le suc le plus précieux, à éterniser enfin ce qui n'était au départ qu'un sombre drame d'amour 1900. C'est l'itinéraire poétique par excellence de tous les couples du cinéma que dessine, sous la baguette impalpable du maître, la promenade en traîneau à travers les arbres givrés ; et son rappel pathétique à la dernière image, après la mort des amants, traduit visuellement de la manière la plus lancinante qui se puisse imaginer la persistance de l'amour par-delà l'extinction de la chair. Jamais peut-être l'expression cinématographique de la passion n'aura atteint, avec des moyens aussi simples, de tels sommets. « L'insignifiance extrême rejoint ici la plus haute tragédie[20] ». Mieux : elle la fonde. Et c'est dans cet exhaussement vertigineux que réside tout l'art d'Ophuls. Il n'y a pas seulement dépassement de la donnée initiale, mais enrichissement interne, transfiguration.

18. Première présentation le 29 septembre 1933. Mise en scène de Georges Pitoëff. Avec Marcel Herrand (Fritz), Ludmilla Pitoëff (Christine), Louis Salou (Théo), Agnès Capri (Mizzie) et Balpêtré (le père de Christine). Cf '' *La petite illustration* '', n° 648.
19. Inspiré peut-être par cette réplique de Christine, dans la pièce : *Dans la chambre de papa il y a un joli tableau : c'est une jeune fille qui regarde par la fenêtre la neige qui tombe, et ça s'appelle :* Abandonnée. Ce thème de la neige poursuivra Max Ophuls toute sa vie.
20. Louis Marcorelles, rétrospective Ophuls ('' *Cahiers du cinéma* '', n° 81).

Le succès public de cette œuvre née sous le signe de la jeunesse[21] fut énorme, non seulement en Allemagne (le film sortit à l'Atrium de Berlin, le jour même où Ophuls et sa famille prenaient le chemin de l'exil) mais en Angleterre, en Belgique et surtout, nous l'avons dit, en France. « Une œuvre d'une grandeur presque classique, lit-on dans la presse de l'époque ; se servant d'un thème à la fois romantique et éternel, Max Ophuls a brossé un film d'une perfection à laquelle il faut rendre hommage. » Joseph Kessel écrit dans '' *Pour vous* ''[22] : « On pense à un romantisme lointain et décanté, aux poèmes de Lermontoff, à l'essence mélancolique de ses chants... » Bien des années plus tard, Henri Agel pourra soutenir que « *LIEBELEI* détient tous les secrets futurs d'Ophuls. Par ses thèmes, par sa tristesse schubertienne, l'histoire de Fritz et de Christine restera l'écharde enfoncée dans la chair du cinéaste jusqu'à sa mort[23] ». Des rappels de *LIEBELEI* traverseront en effet des films aussi différents que *YOSHIWARA* (jeu des amants sur la table transformée en traîneau, avec en fond sonore les grelots des chevaux), *LETTRE D'UNE INCONNUE* (voyage imaginaire dans le petit train du Prater), *LA RONDE* (allusion de la comédienne à *deux heures de traîneau dans la nuit* et poème déclamé par Barrault), enfin et surtout *MADAME DE,* où certains plans du duel seront repris, vingt ans plus tard presque textuellement. Ajoutons qu'un demi-siècle passé sur *LIEBELEI* ne l'a pas fait vieillir d'une ride : des projections périodiques en cinémathèque en témoignent éloquemment.

« Doubler en français *LIEBELEI* serait une hérésie », déclarait, à l'issue d'une vision enthousiaste, Lucien Wahl. Le distributeur parisien ne partagea pas ce point de vue et voyant là l'affaire de sa vie, décida que l'on refilmerait *LIEBELEI* selon le procédé bilingue en faveur, que nous avons évoqué plus haut. C'est Ophuls lui-même qui, émigré de fraîche date et n'ayant rien de mieux à faire, se chargea de la besogne, en utilisant dans la mesure du possible les acteurs d'origine, ou des « doublures » acceptables. Seuls les gros plans et la plupart des séquences d'intérieur (concert à l'Opéra, valse des couples à l'estaminet, visite de Fritz chez le père de Christine la veille du duel...) firent l'objet d'un second tournage. Pour le reste (duel, promenade en traîneau, manœuvres à cheval, etc.), Ophuls se contenta de faire doubler les images de la version originale. Bien qu'il parlât à peu près la nouvelle langue et connût son film mieux que quiconque, il rencontra néanmoins certaines difficultés dans cette sorte de *remake* immédiat, au surplus bâclé en une douzaine de jours. Ce *LIEBELEI* francophone sortit commercialement sous le titre

21. Jeunesse des personnages, mais aussi du metteur en scène, des techniciens et des interprètes, certains n'ayant guère plus de vingt ans ! Ophuls, dans ses '' Souvenirs '', insiste sur le fait qu'il vit là surtout *l'occasion de faire un film d'acteurs jeunes, spontanés, que le culte de la vedette n'avait pas encore gangrenés* : les quatre grands rôles furent effectivement confiés à des débutants.
22. '' La passion de Liebelei '' (1er juin 1983).
23. '' Les grands cinéastes '', p. 181.

UNE HISTOIRE D'AMOUR, LIEBELEI **version française (1933)**

conventionnel, déjà utilisé maintes fois[24], d'*UNE HISTOIRE D'AMOUR* : son succès fut, paradoxalement, moindre que celui de la version originale allemande (une semaine d'exclusivité seulement à l'Olympia). La critique jugea, non sans raison, le film « hybride. Raccords trop visibles. Photo dure par contraste avec celle de Planer dans le film original. Les acteurs allemands non doublés sont comme paralysés par le texte français qu'ils ont à prononcer[25] ». Cette version semble du reste avoir été retirée assez vite des circuits d'exploitation : une copie en a été retrouvée par M. Freddy Buache, Conservateur de la Cinémathèque suisse.

24. Notamment pour le film — charmant — de Paul Féjos, *MARIE, LÉGENDE HONGROISE* interprété par Annabella et exploité en France deux ans auparavant

25. '' *La Cinématographie française* '', 3 mars 1934.

Max Ophuls à Paris en 1935

3. *Les années de voyage*

Ihm sinne nach, und du befreist genauer :
Am farbigen Abglanz wir das Leben.
GŒTHE.

BOUILLABAISSE ET SPAGHETTI

Août 1933 : Erich Pommer, transfuge de la U.F.A., ouvre à Paris, en accord avec Sidney Kent, l'un des présidents de la célèbre 20th Century Fox américaine, un service européen de production lié à cette firme, pour lequel deux grands films vont être mis en chantier : *LILIOM,* dont le tournage sera confié à Fritz Lang, et un « grand film d'aventures avec Henri Garat » : *ON A VOLÉ UN HOMME,* que réalisera un autre émigré : Max Ophuls. *A mon sens,* note ce dernier, *une double erreur : c'était la solution inverse qu'il eût fallu choisir. Lang aurait certainement fait un remarquable film policier, quant à moi j'aurais probablement réussi une bonne comédie romantique.*

Ce second film français d'Ophuls fut en effet un échec, estimable quand même vu les énormes handicaps de l'entreprise. La lecture du scénario, dû au prolifique René Pujol est à elle seule accablante : le jeune et séduisant banquier Jean de Lafaye, propriétaire de la Banque européenne, en voyage d'affaires à Cannes, se laisse entraîner, à sa descente de train, par une jolie femme dans une villa de la Côte d'Azur, où il doit être gardé à vue pendant cinq jours, à de mystérieuses fins de spéculation boursière. Mais la belle geôlière tombe, évidemment, amoureuse de son prisonnier, à la grande fureur de Robert, son protecteur et rival de Jean sur le terrain financier. Cela finira par une nouvelle escapade, d'amoureux cette fois, en canot automobile vers une île délicieusement romanesque, cependant que la maffia sera démantelée par la police. On ne saurait dire que ce '' livret '' extravagant, ou pour être plus franc cette *ratatouille* (selon un mot employé par Ophuls lui-même), convînt particulièrement à l'auteur d'*ON PRÉFÈRE L'HUILE DE FOIE DE MORUE !*

Le succès commercial vint contrebalancer un peu ces servitudes, moins toutefois que ne l'espéraient les producteurs. La critique eut, en revanche, la dent assez dure (sauf Vuillermoz), à juste titre. On ne retint guère de ce film de modèle courant que quelques décors insolites (ceux de l'intérieur de la villa, conçus dans un style mi-Régence mi-oriental) et les costumes luxueux de la vedette Lili Damita : déshabillés capiteux, corsage tyrolien en ottoman

Lili Damita et Henri Garat dans *ON A VOLÉ UN HOMME* **(1934)**

rehaussé de galons et cordelière, sur lesquels la caméra s'attarde plus souvent que le scénario ne l'exige ! A part quoi l'œuvre sombre dans la banalité. Ophuls admet lui-même, non sans humour, que le principal intérêt d'*ON A VOLÉ UN HOMME*[1] fut de le *familiariser avec les méthodes de travail françaises*... et surtout la bouillabaisse et le pastis français !

Avril 1934 : une société se constitue à Milan, la Novella-Film, qui charge Ettore Margadonna, directeur de l'Una-Films et historien de cinéma, de produire un film tiré d'un ouvrage — fort mélodramatique — d'un certain Salvator Gotta : '' La Signora di tutti ''. L'inspirateur et commanditaire de l'entreprise était exactement le propriétaire de journaux transalpin Emilio Rizzoli, qui aurait tenu à tout prix que l'on réalisât un film à partir de ce roman, qu'il avait adoré en feuilleton ! Margadonna qui, lui, avait adoré *LIEBELEI*, fit appel à Max Ophuls. Le tournage commença aussitôt, non sans donner lieu à quelques épisodes cocasses, dus à l'inconfort des studios romains, à l'impétuosité des interprètes, au brio délirant du chef opérateur, qu'Ophuls, on s'en doute, ne tempéra guère. Le film voyait en outre les débuts d'Isa Miranda qui, d'un seul coup, se trouvait rejoindre la grande tradition des *dive* du muet et fut du reste, sitôt le film terminé, engagée triomphalement par Hollywood. Elle avait pour partenaires Tatiana Pawlova et un acteur qui eût été plus à sa place dans le *Bel Canto* ou le film à '' peplum '' : Memo Benassi.

Une star de cinéma, Gaby Doriot, rendue célèbre par un film sous le sobriquet de '' la signora di tutti '' (la dame de tout le monde), tente de mettre fin à ses jours ; tandis que l'on s'efforce de la ranimer à l'hôpital, elle revit en pensée, sous le casque du chloroforme[2], son ascension mouvementée, qui la conduisit de la promiscuité à l'opulence, et les scandales que sa beauté provoqua, notamment la mort tragique de l'épouse infirme d'un de ses amants, torturée par la jalousie ; aucun amour durable ou sincère n'aura illuminé cette vie, qui se solde par un échec : *un sombre drame, trop sombre, sans doute, trop passionné pour les spectateurs non italiens*, déclare son auteur. On peut y déceler une influence indirecte de Pirandello, à la fois au niveau du sujet (qui est peut-être inspiré d'une pièce du grand dramaturge sicilien, '' Vêtir ceux qui sont nus '') et surtout du découpage : le

---

1. Signalons qu'un second film ayant le même titre, banale histoire de sosies interprétée par Willy Forst dans un double rôle, fut projeté en France sous l'Occupation.
2. Un plagiat surprenant de cette séquence initiale sera commis par le réalisateur suédois Gösta Werner, dans son film *LA RUE* (1950).

" pirandellisme ", que *LOLA MONTÈS* poussera, nous le verrons, à son point extrême, était accentué ici par l'aspect " film dans le film ", un peu si l'on veut à la manière du *STUDIO AMOUREUX,* quoique dans un registre nettement plus grave. Si l'existence entière n'est que " représentation ", toute vie personnelle est impossible : telle est en somme la morale, bien ophulsienne, de cette *SIGNORA DI TUTTI,* dont on peut seulement regretter que les intentions du metteur en scène n'aient pas été mieux comprises de ses collaborateurs et qu'il ait dû terminer son film à la hâte, laissant le spectateur sur sa faim[3]. Demeure une première partie éblouissante, avec l'ouverture en iris-spirale sur un disque de pick-up, la bruyante effervescence du studio traversé par le gros régisseur que la caméra accompagne avec une agilité invraisemblable, la chanson de Gaby jeune fille rappelant celle de Christine dans *LIEBELEI,* la signora aperçue à travers les guirlandes du bal, assise et malheureuse, enfin la chute de l'épouse paralytique dans l'escalier, orchestrée par une sorte de fracas wagnérien.

La verve italienne et Max Ophuls ont-ils, en fin de compte, fait bon ménage ? On peut en douter. La presse de l'époque jugea, en tout cas, le jeu des acteurs « véhément et romantique » à l'excès[4]. Seule Isa Miranda est louée à peu près sans réserve, et on la compare çà et là à Marlène Dietrich — au désavantage de cette dernière. Nous serons, pour une fois, moins indulgents. Il n'en reste pas moins que le personnage de la " dame de tout le monde ", acculée au suicide par le jeu cruel du spectacle moderne qui désagrège la personnalité de l'individu, demeure l'un des plus attachants de la galerie féminine de Max Ophuls[5].

DANS LES BAS-FONDS DU MUSIC-HALL

Le nouveau film qu'entreprend Ophuls quelques mois après son retour d'Italie avait pour auteur celle qu'il désigne lui-même comme *L'un des plus grands écrivains français*, Colette, *Et pour producteur l'une des compagnies les plus solides de Paris*, Eden-Productions (c'est-à-dire Mme Simone Berriau, alors sémillante jeune première et déjà femme d'affaires avisée).

---

3. Le film s'achève en effet sur un carton censé reproduire une lettre écrite par la signora avant son suicide : or la logique eût voulu que l'on revînt au lit d'hôpital d'où s'amorce le flash-back, fût-ce pour y apprendre que l'opération de sauvetage a échoué.

4. R. de Beauplan, " L'*illustration* ", du 19 janvier 1935.

5. Ajoutons que LA SIGNORA DI TUTTI fut présenté à la Biennale de Venise 1934 (la même année que L'HOMME D'ARAN et EXTASE) et y obtint la " Coupe du ministère des Corporations pour le meilleur film italien du point de vue technique ". Cette distinction lui valut un certain succès commercial, au moins en Italie et en France.

La fièvre du music-hall : *DIVINE*

Page précédente :
Tatiana Pavlova dans *LA SIGNORA DI TUTTI* **(1934)**

C'est vers la mi-novembre 1934 que l'affaire se décide : Colette accepte de rédiger un scénario, non pas entièrement original puisqu'elle s'inspire largement de son propre recueil de nouvelles consacrées à '' l'envers du music-hall ''. L'histoire en valait une autre. Une petite paysanne à qui une amie de la ville a monté la tête, se croyant douée pour le théâtre, s'en va à Paris tenter sa chance. Elle découvre avec une horreur croissante la vie malsaine du spectacle, son clinquant, ses coulisses et ses '' paradis artificiels ''. Elle est impliquée à son corps défendant dans une affaire de drogue. A la fin, lasse du mirage de la grande vie, elle s'en retourne à la campagne avec l'honnête garçon laitier dont elle a fait son mari.

Ce qui m'a enthousiasmé, explique Ophuls[6], *c'est la façon dont Colette a composé son scénario, exactement en vue des exigences cinématographiques. Scènes courtes, dialogues réduits, un motif central et tout autour, des personnages, des bouts de phrases, des visions rapides d'un monde qui donne alors tout son sens à l'histoire, qui situe l'atmosphère et stigmatise dans l'instant ceux qui le font exister...*

Ce dernier trait manifeste qu'Ophuls proscrivait toute complaisance dans la description '' pointilliste '' d'un milieu si souvent visité par des romanciers ou des cinéastes en quête de chair défraîchie ; tout au contraire il dénonce l'exploitation qu'on en fait (et s'il se retranche derrière Colette, c'est une fois de plus par modestie extrême : elle-même n'y mettait peut-être pas, quoi qu'il en dise, tant de scrupules). Amour du spectacle, certes, mais haine de la dégradation qui le guette. Voilà pour la '' morale ''. Et voici pour l'esthétique :

Ce que j'ai tenté de faire dans DIVINE [7] *c'est de dépeindre l'atmosphère du music-hall d'une manière subjective. Je n'ai pas voulu montrer le music-hall tel que vous et moi pouvons le voir.* DIVINE, *c'est le music-hall tel qu'un être participant à sa fièvre doit en recevoir l'image...*

Comme dans *LA RONDE,* quinze ans plus tard, l'objectif et le subjectif se mêlent donc déjà étroitement. Le spectateur doit se sentir pris dans le mouvement, sans pour autant être dupe de ses prestiges. L'ébauche d'une théorie ophulsienne du cinéma apparaît là, sans illusion possible.

Le film terminé, commente Ophuls par ailleurs dans ses « Souvenirs »,

---

6. Propos recueillis par Jacqueline Lenoir ('' *Cinémonde* '', 11 avril 1935).
7. Déclarations à Benjamin Fainsilber *(Ibid.,* 19 décembre 1935).

j'eus l'impression d'avoir fait du travail sinon excellent, du moins valable. De nombreux confrères furent de mon avis. Le public, lui, manifesta son désaccord en boudant le film en exclusivité, comme, plus tard, dans les salles de quartier... Ce fut l'échec le plus cuisant de ma carrière.

Que se passa-t-il exactement ? Sans doute la critique fut-elle très bonne, dans son ensemble, mais elle s'attacha davantage à louer la contribution de Colette (minime, en fait) que celle d'Ophuls. Quant à la publicité, n'induisit-elle pas les spectateurs en erreur, en leur laissant espérer un film grivois sur les dessous du music-hall ? Ce qu'attendait le public, c'était...beaucoup de jolies filles, agréablement dénudées. On imagine sa déception : à l'exception d'un sein (celui, sauf erreur, de Sylvette Fillacier, et encore, utilisé à des fins d'allaitement !) et d'une brève séquence de tableaux vivants, rehaussée de flagellation, qui tourne court, la principale intéressée refusant de se laisser exhiber sur scène en tenue d'Eve, *DIVINE* ne leur offrait nullement le spectacle de la vie grisante et dorée du music-hall, mais au contraire un mélange de naïvetés champêtres et de nostalgie de la pureté, quelques aperçus sur les turpitudes et les dangers de la vie parisienne, toute l'amertume d'un métier dont le clinquant dissimule mal l'aspect tragique. Le baiser final lui-même était entrevu à travers le grillage épais d'un secrétariat de mairie, voulant signifier peut-être que le mariage bourgeois auquel était promise la rescapée de la cage aux fauves était un emprisonnement d'une autre sorte... Autant de subtilités qui ne faisaient pas l'affaire des badauds. D'où les sifflets dont le public populaire ne se priva pas. Au lieu de flatter ses bas instincts, Ophuls, empruntant la palette d'un Degas ou d'un Lautrec, en appelait à son jugement critique. C'était, probablement, le surestimer. Vingt ans plus tard, pareille incompréhension se manifestera à l'égard de *LOLA MONTÈS,* que *DIVINE* d'ailleurs annonce à plus d'un titre.

LE BONHEUR ET LES PIEGES DE L'EXISTENCE

Malgré ce four, conclut philosophiquement Ophuls, *la société productrice de DIVINE voulut bien me garder sa confiance, au point de m'inviter à faire un film entièrement à mon goût. Je choisis L'ENNEMIE, une comédie de fantômes, agréablement tragi-comique, que j'avais mise en scène, des années plus tôt, au théâtre de Breslau...*

Il précise par ailleurs[8] que s'il eut l'idée de porter cette pièce à l'écran, c'est que le sujet lui en paraissait *extrêmement intéressant : comique, tragique, ironie, doute, comme dans la vie, des sentiments très différents s'y mêlent.*

Le rôle principal revint évidemment à Simone Berriau, trop heureuse, à l'en croire, de travailler à nouveau avec son metteur en scène de *DIVINE* : « Jamais, déclara-t-elle à une journaliste venue l'interviewer pendant le tournage, je n'avais interprété un rôle qui me plaise à ce point (...) On m'offre toujours des rôles d'ingénue, mais je préfère bien davantage incarner une vraie femme comme dans *L'ENNEMIE, LA TENDRE ENNEMIE* veux-je dire, puisque cet euphémisme est venu atténuer ce qu'il y avait d'un peu âpre dans le titre de l'œuvre d'André-Paul Antoine. »

Les modifications apportées par Ophuls ne se bornèrent pas à cette nuance de titre. La pièce d'Antoine était l'une des plus célèbres comédies boulevardières écrites par le fils aîné du célèbre fondateur du '' Théâtre libre '' (et auteur de films) André Antoine. Ophuls a rappelé qu'il avait adapté cette pièce pour la scène, sept ans auparavant, en Allemagne, soit très peu de temps après sa création à Paris, laquelle eut lieu au Théâtre Antoine le 5 avril 1929. Nous ne connaissons pas l'adaptation allemande, mais il est probable qu'elle respectait les grandes lignes de cette « comédie gaie en trois actes et huit tableaux » dont l'action se déroule entre 1890 et les années vingt et met aux prises sept personnages : une femme, Annette Dupont ; son mari, son amant, le fiancé romantique qu'elle a plaqué autrefois, et qui finissent tous trois par la considérer, avec le recul du temps, comme l'*ennemie* commune ; un docteur confident (rôle assez bref et sans nécessité, estompé dans le film) ; enfin deux '' moins de vingt ans '' : la fille de la dame et son amoureux. A partir de ce schéma, et pour permettre le passage rapide d'un âge de la vie à l'autre, l'usage s'imposait pour le dramaturge du '' retour en arrière '' (à la manière cinématographique) et de l'alternance des temps : au début, par exemple, la conversation entre le fiancé et le mari, tous deux défunts, se déroule outre-tombe et se clôt sur l'évocation, en arrière-scène, de leur passé respectif, avec '' réincarnation '' instantanée des personnages. Nul doute que ce mélange des temps et des espaces n'ait séduit d'emblée Max Ophuls. Certains dialogues, il faut bien le dire, étaient d'une misogynie un peu lourde, encore que l'on y relève quelques répliques bien venues, qui pourraient annoncer *LA RONDE* : « Les hommes ne valent pas grand-chose, c'est entendu. Mais enfin, il ne faut rien exagérer... Et puis, au-dessus d'eux, plus beau qu'eux, plus digne d'être aimé que le meilleur d'entre eux, il y a l'amour » (Acte III, Scène IV).

Quoi qu'il en soit, Ophuls préféra élaguer considérablement ce texte et

---

8. Entretien avec Benjamin Fainsilber, n° cité.

adoucir sa philosophie, en même temps qu'il emplissait de silhouettes nouvelles les différents décors entrevus (cabaret 1900, épousailles, etc.). La construction générale de l'ouvrage fut, pareillement, articulée avec plus de souplesse, la présence effective des morts parmi les vivants étant, de surcroît, rendue possible par les truquages du cinéma. Quant à la '' morale '', elle fut tout autre : non plus cynique et désabusée, mais enchanteresse. D'une farce boulevardière assez salace, Ophuls fit en somme une méditation subtile sur la chasse au bonheur.

Ainsi transformée, *LA TENDRE ENNEMIE* , écrit-il, *s'attaquait résolument – et, je l'espère, spirituellement – à tous les clichés qui encombrent généralement le drame d'amour.* Les trois victimes masculines se rencontrent dans l'au-delà et se révèlent mutuellement les péripéties de leurs liaisons terrestres. Se greffant sur ce '' dialogue des morts '' insolite, et point trop encombré de mots d'auteur, un tourbillon de fumée très faustien enveloppant le tout, une deuxième aventure se déroule parmi les vivants : la belle audacieuse qui a berné (et enterré) son mari et ses deux amants, s'apprête, lorsque le film commence, à marier, bourgeoisement, sa fille. Celle-ci va-t-elle subir le même sort tristement (ou délicieusement, selon les goûts) conjugal, avec ses à-côtés, que sa mère ? C'est là que les trois ombres, d'un commun accord, décident d'intervenir. Elles vont infléchir la destinée dans un sens résolument révolutionnaire : l'amour l'emportera sur la raison. Plaquant là les invités ahuris de sa propre noce, la jeune fiancée, se refusant à être '' vendue '', tout comme l'une des précédentes héroïnes d'Ophuls, parviendra à s'enfuir avec son amoureux sincère (et peu fortuné), échappant du même coup à un milieu frelaté où le bonheur se définit, explicitement, par de vaines promesses qui sont autant de pieux mensonges.

Moraliste ambigu, Ophuls laisse toutefois entrevoir que les fugitifs n'iront pas loin, si noble que soit leur cause ; cependant que sa peinture des fantoches en habit de soirée et des alcôves 1900 se tempère d'une joyeuse truculence, voire d'une secrète nostalgie. Cette alternative insoluble de l'amourette sans lendemain ou de l'hypocrite assujettissement bourgeois, n'est-ce pas, nous chuchote Ophuls en filigrane de ce film tout en nuances, le double et sarcastique visage du dernier acteur signalé au générique : l'existence ?

PETIT INTERMÈDE MUSICAL

LA TENDRE ENNEMIE, mise en boîtes, ne sortit pas tout de suite sur les écrans : le directeur de production, Paul Bentata, voulant frapper un grand coup et couvrir le déficit de *DIVINE,* réserva le film pour la Biennale de Venise (où il ne fut pas primé), le prix Delluc (que rafla Jean Renoir), l'exportation (qui lui fit un sort médiocre)... ! De sorte qu'entre le dernier tour de manivelle et la première publique, Ophuls, ne voulant laisser échapper aucune occasion de tourner, eut le temps de mener à bien deux autres entreprises, presque simultanées : d'une part la réalisation de deux courts métrages musicaux, de l'autre un voyage en Hollande, où il tourna un film peu connu sur lequel nous allons revenir dans un instant.

Les petits films musicaux étaient destinés à une production d'ensemble témoignant d'une réelle ambition, et pour laquelle d'autres metteurs en scène (Kirsanoff, L'Herbier) avaient été également pressentis. L'initiative en revenait au critique musical — et accessoirement cinématographique — Émile Vuillermoz, déjà cité. Après avoir préconisé longtemps, dans ses articles, l'alliance de la salle de concert et de l'écran, ce dernier avait imaginé de faire enregistrer, sous forme de courtes bandes '' culturelles '' d'une dizaine de minutes, les grands virtuoses du moment '' en action ''. « Pendant que les as de l'archet, du clavier ou du chant joueront, la caméra étudiera leur jeu, s'approchera de leurs mains, fixera leurs gestes et leurs attitudes... On verra aussi, parfois, sur le fond musical, les visions poétiques, dramatiques ou féeriques suggérées par la partition. Ces réalisations porteront le nom de *CINÉPHONIES*[9]. »

Une première sélection fut réalisée courant décembre 1935, par Dimitri Kirsanoff et Marcel L'Herbier, soit dans l'ordre de tournage : *LES BERCEAUX* de Fauré, *LA FONTAINE D'ARÉTHUSE* de Szymanowski, *LA JEUNE FILLE AU JARDIN* de Monpou, enfin *CHILDREN'S CORNER* de Debussy. La participation d'Ophuls fut légèrement plus tardive, ou plus fignolée, de sorte que ses deux *CINÉPHONIES* portent généralement la date de janvier 1936. Il s'agit de l'*AVE MARIA* de Schubert chanté par Elisabeth Schumann et de la *GRANDE VALSE BRILLANTE* de Chopin exécutée au piano par Alexandre Braïlowsky. Du dernier de ces films, la critique s'accorda à reconnaître qu'il proposait, dans le genre, « la formule la plus pure : curieux et limpide décor... jeu de mains du virtuose qui semblent douées d'une vie propre... masque volontaire et creusé du grand artiste[10]. » Juché sur une haute estrade, Braïlowsky joue en effet son morceau comme « en plein ciel ». La caméra d'Ophuls s'approche de plus en plus près et dévoile les secrets de sa technique avec une précision

9. Extrait du texte de lancement de la firme productrice pour la circonstance (à Lyon, sous la présidence de Jacques Thibaud) à l'instigation de Vuillermoz.
10. '' *La Cinématographie française* '', 1er février 1936.

étourdissante. Elle « inspecte et dénonce, en tous sens et sous tous les angles, les mouvements les plus furtifs de l'interprète[11] ». Bien des années plus tard, un critique musical, Robert Aguettand, se souviendra encore de ce film où la caméra « se livrait au délire de travellings voltigeurs, grâce auxquels le public emportait le sentiment d'avoir pénétré les secrets de l'art du virtuose[12] ».

Malheureusement pour les promoteurs, l'intérêt commercial, sinon pédagogique, de ces petits films s'avéra assez mince. D'autres projets, tels l'*ADANTE ET RONDO* de Weber, des études de violon par Nathan Milstein, de guitare par Segovia, de clavecin par Wanda Landowska, ne virent jamais le jour.

L'OPÉRA DE QUAT'FLORINS

Ophuls, cependant, abandonnant ses *CINÉPHONIES* à leur triste sort, a quitté la France, une fois de plus, et répondu à une curieuse proposition qu'il résume spirituellement ainsi : *Jusque-là, j'ignorais totalement qu'en Hollande aussi l'on pouvait tourner des films. Après avoir eu l'occasion d'y travailler, je compris qu'on ne devait en aucun cas essayer de faire du cinéma en Hollande !*

Ce qu'il fit pourtant : ce petit pays de l'Europe du Nord manquait à son bagage : tous les autres, ou presque, il les avait sillonnés. Le film, très mystérieux, qu'il alla tourner là-bas, *COMÉDIE DE L'ARGENT, fut, certes, achevé,* nous dit-il, *mais du fait de l'insuffisance des moyens techniques, me prit à peu près le temps qu'il m'aurait fallu, à Paris, pour faire trois films vraiment importants.* Là, il exagère un peu, puisque cette escapade ne l'immobilisa guère plus de huit mois, de février à septembre 1936 environ. Toujours est-il que la chose qui l'intéressa le plus semble avoir été l'à-côté pittoresque de l'entreprise : acteurs jeunes, studios faméliques, imprésario atteint du démon de midi, jovialité hollandaise...

Le scénario ressemble fort à une de ces '' allégories poétiques '' telles qu'Ophuls les aimait à ses débuts. Un petit employé de banque, Brand, transporte une serviette contenant cinquante mille florins. Un galopin cherche à s'en emparer, mais ne réussit, avec son canif, qu'à fendiller le cuir. Quand Brand va pour déposer l'argent à la banque, il s'aperçoit que la serviette est vide. La police l'arrête, mais le relâche, faute de preuves. Cependant, il perd

---

11. '' *Pour vous* '', 30 janvier 1936.
12. '' *Disques* '', n°97, mars 1958, p. 212-213.

sa place, de même que sa fille, employée des postes, soupçonnée de complicité. N'ayant plus un sou, ils sont acculés au désespoir. C'est alors qu'un certain Moorman propose à Brand une place inespérée : la présidence d'une importante société immobilière. Dans l'esprit de Moorman, individu peu scrupuleux, les cinquante mille florins ont bien été volés par Brand et lui serviront de capital. Mais Brand est bel et bien innocent : au bout de quelques jours de présidence purement fictive, on en est au même point. Seule, la jeune fille, profitant de cette subite promotion sociale de son père, a trouvé à se recaser. Brand doit finalement démissionner. C'est alors qu'il retrouve l'argent, tombé tout simplement sur le trottoir par l'ouverture pratiquée dans la serviette et bloqué miraculeusement dans un caniveau. Il le restitue à la banque, mais on l'accuse alors d'avoir manigancé toute l'histoire et différé la remise de l'argent pour servir des intérêts adverses. Et il est condamné à deux ans de prison ! Il faudra l'intervention du galopin du début pour que son innocence éclate enfin aux yeux de tous[13].

Signalons que le film était commenté, sous forme d'intermèdes chantés, par une sorte de bonimenteur à mi-chemin du montreur d'ombres de L'OPÉRA DE QUAT'SOUS et du meneur de jeu de LA RONDE. Ce personnage apparaissait en '' lever de rideau '' pour présenter l'action et à la fin pour tirer, toujours en chantant, la morale de la fable.

La distribution de cette pochade fut encore plus mystérieuse que sa réalisation. En fait, jusqu'à une réédition en 1953, limitée à l'audience des cinémathèques, il semble bien que le film ait circulé fort peu. Son succès commercial, en Hollande même, fut médiocre : sur cent douze mille florins que coûta la production, il n'en fut guère récupéré, selon les estimations les plus optimistes de l'Institut néerlandais, que... douze mille ! La réalité rejoignait, une fois encore, la fiction. Aucun critique d'avant-guerre (sauf Fainsilber dans '' Cinémonde '', très allusivement) n'en fait mention. Relevons seulement, au sujet de cette œuvre peu connue, l'opinion d'Ermanno Comuzio[14], qui y voit « un film de genre léger non exempt de qualités cinématographiques », et surtout celle de notre confrère britannique Richard Roud, aux yeux duquel « le film se signale par quelques morceaux de bravoure : la séquence du cauchemar, le plan de la caméra placée sous les bras d'une dactylo et de belles images des canaux d'Amsterdam photographiées par Schufftan[15] ».

13. A noter qu'une autre version de ce scénario fut racontée, de mémoire, par Ophuls, à ses interviewers, des '' Cahiers du Cinéma '' : elle ne correspond que très vaguement à la réalité, que nous rétablissons ici (grâce à l'obligeance du National Film Archive).
14. '' Cinema olandese, ieri e oggi '' in '' Ferrania '', n°7.
15. Index des films de Max Ophuls, p. 19.

Pierre Richard-Willm et Michiko Tanaka dans *YOSHIWARA* (1937)

MAISONS DE PAPIER ET JARDINS FLEURIS

L'expérience hollandaise ne s'avérant guère concluante, Ophuls rentre à Paris, juste à temps pour enregistrer l'accueil délirant réservé par la critique à sa *TENDRE ENNEMIE :* « le film le plus intelligent de l'année ; une atmosphère de rêve, de poésie et de vérité ; jamais 1900 n'a été évoqué avec plus de mordant, » etc. En fait, malgré un énorme succès d'estime, *LA TENDRE ENNEMIE* ne connaîtra, à Paris et surtout en province, qu'un très faible rendement commercial : le public s'obstine à bouder inexplicablement l'*Ophuls touch*[16]. A New York, présenté comme « une pimpante satire d'esprit gaulois » (?), ce sera le plus faible rendement des films étrangers de l'année. Il n'y a guère qu'en Allemagne remarquons-le, que le public suivra dans une proportion assez forte — ce qui semble prouver qu'Ophuls demeure encore très près de ses premières amours. Doit-on conclure qu'en ces années de '' veilles d'armes '', la majorité des spectateurs n'admettait guère la fantaisie ? Ou bien que l'absence de vedettes en renom constituait un handicap trop lourd ? Ou encore que le public rechigna en face d'un spectacle manifestement trop subtil pour lui ?

Toujours est-il que ces insuccès répétés contraignirent Ophuls à accepter des propositions infiniment moins ambitieuses, voire avilissantes : ce fut *YOSHIWARA*, d'après une nouvelle de Maurice Dekobra, adaptée par Jacques Companeez, et qui donna lieu à l'invraisemblable '' salade russe '' que nous avons évoquée plus haut. Cette production interlope à la Pierre Loti aurait gagné à être tournée en version bilingue ou trilingue ! L'histoire se situait vers 1890, à la veille de la guerre sino-japonaise, et contait le destin (pathétique !) d'une jeune geisha de noble naissance, contrainte à se prostituer en vue de racheter le patrimoine familial, puis tombant amoureuse d'un lieutenant de l'escadre russe venu rôder dans le quartier de Yoshiwara[17]. La jalousie d'un coolie provoque la mort des deux amants, séparés par le sort.

« Ravissant mélodrame... nuancé, estompé, comme vaporeux, noyé dans des paysages de songe et des décors de maisons de papier... » A peine reproche-

---

16. On peut lire, dans l'hebdomadaire '' *Pour vous* '', n° du 17 décembre 1936, une lettre de lecteur moquant l'engouement de la critique pour un film où il ne voit, quant à lui, qu'une peinture facile du « gai Paris 1900, assaisonnée de revenants en habits de cellophane, présentée et éclairée comme le plus oppressant drame russe... » (!)

17. Célèbre ''quartier réservé '' de Tokyo qui servit de toile de fond à plus d'un film vraiment ou faussement japonais (en particulier *LA RUE DE LA HONTE* de Mizoguchi).

t-on à Max Ophuls « l'abus des scènes embrumées[18] » ; demeurent quelques passages où éclate une « véritable féerie visuelle : le bain des geishas dans leurs tonneaux[19], les évocations de la vie future rêvée par les amants, la scène de panique dans la campagne, la mort dans la chapelle orthodoxe... » Ces extraits de presse de 1937 rendent compte, de manière relativement flatteuse, des intentions d'Ophuls autant, sinon plus, que de leur réalisation. Il est évident que l'auteur de LIEBELEI et de LA TENDRE ENNEMIE fit tout son possible pour conférer à un scénario grotesque une sorte de poésie, mi-décorative mi-sentimentale, qui le réhausse un peu et le distingue de l'orientalisme de pacotille des films de l'époque. Il est non moins certain que nul mieux que lui n'était capable, a priori, de tirer un parti acceptable de l'internationalisme — assez aberrant — d'une production telle que YOSHIWARA. Dekobra vu par Ophuls eût (théoriquement) pu être transfiguré comme l'avaient été Schnitzler, André-Paul Antoine ou même Colette. Enfin, il se peut qu'une certaine sensibilité d'époque, incompréhensible de nos jours, la même qui fit apprécier en leur temps, par des esprits lucides, des films aussi médiocres que PORT ARTHUR ou LA BATAILLE, ait spontanément idéalisé une œuvre hybride au point de lui trouver des qualités qu'elle n'avait pas, et ne pouvait avoir. La postérité en tout cas ne l'a point retenue, et il faut se rendre à l'évidence : la projection de YOSHIWARA ne suscite aujourd'hui que ricanements. A Ophuls lui-même, il ne fallait pas en parler : c'était, de loin, son plus mauvais souvenir.

Beaucoup plus sérieux, et correspondant davantage à son tempérament, fut le film qu'on lui proposa ensuite : une adaptation de '' Werther '' de Gœthe. Les extérieurs, tournés en Alsace, furent pour toute l'équipe un enchantement, mêlé pourtant d'amertume.

De l'autre côté du Rhin, raconte Ophuls, *sur les contreforts de la Forêt-Noire, les Allemands jouaient à la guerre tout comme de ce côté-ci, les Français devant la ligne Maginot. Ce ne fut pas un travail de tout repos... Comme nous ne pouvions nous rendre à Wetzlar (Allemagne), où Werther était tombé amoureux de Charlotte, nous nous contentâmes des Vosges. De toute manière, des deux côtés du fossé rhénan, les paysages se ressemblent de façon étonnante. Plus exactement, c'est le même paysage. Et la douceur de vivre qui*

---

18. Il se fit, en effet, une grosse consommation de papier d'Arménie pour masquer l'indigence des décors !
19. Séquence coupée dans la plupart des copies actuellement existantes.

Pierre Richard-Willm et Annie Vernay dans *WERTHER* (1938)

plane sur le " Werther " de Gœthe s'exprime aussi bien en français qu'en allemand. L'œuvre appartient aux deux civilisations...

On comprend, en passant, pourquoi ce film tenait si cher au cœur de son réalisateur (c'était, disait-il, la *chance* de sa carrière française), et quelle déception fut la sienne de ne pouvoir en faire tout à fait le chef-d'œuvre dont il rêvait, et qu'il frisa d'ailleurs de très peu (à notre avis) : c'est en effet le premier qu'il tournait — depuis *LES JOYEUX HERITIERS,* bluette sans envergure — dans les paysages mêmes de son enfance, où s'exprime toute l'âme particulière de la Rhénanie, et l'âme aussi du plus grand des poètes allemands.

Il n'est pas nécessaire d'en rappeler l'argument : le roman de Gœthe, universellement connu, puis l'opéra-comique de Massenet ont rendu célèbres les souffrances du jeune conseiller à la cour de Wetzlar, qui se suicide par amour pour la fille du bailli, Charlotte, fiancée à son ami Albert, que la fidélité à la parole donnée empêchait d'être sa femme. C'est le chef-d'œuvre " romantique " par excellence, dont la mise à l'écran ne pouvait manquer de séduire l'auteur de *LIEBELEI.*

L'accueil de la critique en 1938 fut bon, sans plus : « Film sensible, rempli de tableaux du meilleur goût, tout en nuances et demi-teintes, où se reconnaît le style charmant du réalisateur... » Les interprètes sont unanimement loués, surtout Pierre Richard-Willm dont ce fut, de l'aveu général, le meilleur rôle à l'écran, et la toute gracieuse Annie Vernay, dont on déplore seulement « la gentillesse un peu menue ». Aujourd'hui, si les jardins fleuris de *WERTHER,* avec leur naïve enluminure monochrome[20], ont conservé intact leur pouvoir de dépaysement, on est plutôt tenté de voir là l'un des premiers films *adultes* d'Ophuls annonçant, dans son beau mouvement final (Charlotte en prières sur l'escalier), les grandes œuvres de la fin, en particulier *MADAME DE :* ce n'est plus Werther, mais Charlotte qui devient le pivot du drame, sœur d'infortune de Christine, de l'*inconnue,* de Louise... Le film, dès lors, n'aurait plus à être jugé dans l'optique de Gœthe, mais comme une entité nouvelle n'appartenant qu'à Ophuls. C'est exactement notre point de vue.

20. Le film est en noir et blanc, mais la pellicule fut teintée en bleu - dans la plupart des copies - pour les scènes d'extérieurs.

LENDEMAINS D'INFORTUNE

Une des séquences clefs de *WERTHER* se déroulait dans un bouge, parmi les ivrognes et les prostituées, très loin par conséquent des prairies rhénanes inondées de soleil. Devons-nous y chercher la transition qui nous fait défaut pour introduire le film suivant, ou est-ce seulement pour sacrifier à la mode du temps qu'Ophuls se détourna, exceptionnellement, du film romantique à costumes pour s'essayer au '' réalisme poétique '' des Duvivier et des Carné ? Peut-être simplement n'était-il pas alors en état de choisir.

SANS LENDEMAIN est né, dit-il, *de mes impressions parisiennes, des sensations et épisodes vécus au cours de nombreuses nuits, dans des endroits et parmi des personnages dont la seule évocation choque le bon bourgeois... J'ai toujours été attiré par l'univers des souteneurs et des filles, cet univers où reposent tant de soldats inconnus de l'amour, j'ai souvent rêvé de faire un film vraiment consacré à ce sujet. Un film dont le scénario serait dû à un Maupassant moderne...*

Cette confidence d'Ophuls appelle quelques remarques préalables : le milieu des *souteneurs et des filles*, dont l'exploration est le péché mignon de nombreux cinéastes (mortel, pour quelques-uns), il y avait jeté de discrets coups de sonde dans ses films antérieurs : sous le couvert de la comédie fin de siècle, avec *LA TENDRE ENNEMIE* (séquence chez Maxim's), sous celui de l'exotisme, avec *YOSHIWARA,* et, nous l'avons dit, avec *WERTHER,* dans une tonalité plus sombre. On peut aussi évoquer le couple inquiétant Hériat-Manès entraînant l'innocente Divine dans leur chambre-fumerie. Mais c'est évidemment dans *SANS LENDEMAIN,* '' œuvre dramatique d'atmosphère '', qu'il explorera le milieu des boîtes de nuit et des entraîneuses avec le plus de minutie ; lorsqu'il s'y replongera, incidemment, par la suite, dans *LES DÉSEMPARÉS* ou *LA RONDE,* ce ne sera pas sans transcender, et humaniser profondément à la fois, ce thème et ces personnages : ici, tout se passe comme si son propos était au départ quasi sociologique. Quant à Maupassant, ce n'est que partie remise.

Le scénario (apparemment original, sous réserve d'inspiration probable, à partir de quelque feuilleton de l'époque) que lui propose Hans Wilhelm est une sorte de suite tragique à *LIEBELEI :* c'est l'histoire d'une double vie, celle d'Evelyne Morin, petite entraîneuse de boîte de nuit, en réalité ancienne femme du monde élégante et racée, astreinte à ce métier dégradant par suite du décès de son mari, aventurier sans scrupules qui lui a laissé un fils à élever. Elle retrouve un docteur canadien qu'elle a aimé dix ans plus tôt et auquel elle s'efforce de cacher sa déchéance. Va-t-elle remonter la pente ? Des amis fidèles l'y encouragent. Au dernier moment, alors qu'elle doit prendre le train pour Le Havre, à destination de l'Amérique, elle disparaît... La fatalité l'emporte. Sur les quais embrumés de la Seine, on la cherche en vain : elle s'est évanouie dans le brouillard. On ne saura jamais ce qu'elle est devenue.

Feignant d'ignorer la texture mélodramatique de ce scénario, ou plutôt bien décidé (un peu comme dans le cas de *YOSHIWARA*) à surenchérir dans cette direction, Ophuls n'hésite point à faire appel à tous les poncifs de 1939 : brume factice flottant sur des quais sans fin, monde désabusé courant allègrement à sa chute, complaisance dans le fatalisme... Certes, la *gemütlichkeit* allemande, ce désenchantement d'un peuple en décadence qui avait frappé naguère le jeune Ophuls et dont on trouve ici comme un écho '' montmartrois '', va colorer ce film d'une nuance toute particulière, le préservant des conventions d'un genre habituellement détestable ; il ne s'en trouvera pas moins fatalement imprégné, comme la plupart de ceux de cette année-là, et cela en dépit de l'incontestable poésie qu'Ophuls parvint à y inclure, grâce au '' maître imagier '' Schufftan[21] et à l'expressionnisme très fouillé de ses décors. Moins gravement qu'avec *YOSHIWARA,* c'est pourtant à un phénomène du même ordre que nous assistons, ce que j'appellerai une *dégradation par le genre* : lequel, sans doute, tenait trop de la littérature et pas assez du cinéma.

Un mot sur le décor : dans aucun de ses films précédents, Ophuls n'y avait porté un tel soin, qu'il s'agisse d'une rue de Montmartre (la rue Custine très précisément) reconstruite en studio dans une optique très '' Trauner '', de la cour bien réelle d'un immeuble de Passy, investi pour la circonstance, ou des séquences d'extérieurs à Valberg, à 2.000 m d'altitude, sous la neige. En studio, à Joinville, Ophuls fera encore construire une luxueuse cabane forestière, transformée par la neige (fausse celle-là) et par l'illusion d'un couple heureux, en chaumière canadienne... Nous ne sommes pas loin des miniatures de *LETTRE D'UNE INCONNUE,* ni des fameux '' complexes '' décoratifs du *PLAISIR.*

Notons enfin l'abondance des '' thèmes blancs '', se détachant sur fond de mélodrame sordide : longue cape d'hermine bordée de renard qui est le vêtement de scène de l'entraîneuse, cage d'oiseau blanche familière de l'enfant, promenade des amants en voiture découverte dans la neige, etc. Pareille obsession de la pureté ne se manifestera aussi clairement que neuf ans plus tard, dans l'éblouissante *LETTRE D'UNE INCONNUE.*

---

21. L'un des deux opérateurs favoris d'Ophuls avant la guerre (l'autre étant Franz Planer).

La réalisation de *SANS LENDEMAIN* fut qualifiée, par la presse de l'an quarante, de « magistrale » : « Un admirable film, empreint de poésie et de mystère. A chaque instant, l'on sent que les personnages sont fatalement conduits jusqu'à un dénouement tragique et sans espoir. On peut rapprocher sans hésiter ce film du célèbre *QUAI DES BRUMES,* produit par la même société[22] ». Cette référence, qui vient sous la plume de nombreux commentateurs, serait accablante si nous n'avions pris soin, tout à l'heure, de la nuancer ! On loue d'autre part « la perfection des images, la délicatesse infinie des auteurs dans le traitement des scènes d'amour » et les interprètes, en tête desquels Edwige Feuillère, « femme complexe et attirante, belle à ravir ». Pour Jacques Siclier au contraire, cette actrice demeure peut-être « la seule qu'Ophuls n'ait pas réussi à bien diriger[23] ».

La carrière commerciale du film fut brève mais, vu les circonstances, honorable : quatre semaines d'exclusivité à Paris et un succès non démenti à l'étranger. La province française ne le verra, pour sa part, que beaucoup plus tard, sous l'Occupation.

Si *SANS LENDEMAIN* ne se ressentit pas trop de l'approche de la guerre, le tournage ayant été seulement retardé de quelques jours par une mobilisation partielle, en revanche *DE MAYERLING A SARAJEVO* ne parvint que par miracle au stade de l'exploitation. La sérénité — proverbiale — du réalisateur fut, comme il l'écrit lui-même, *troublée de façon aussi brutale que définitive* : en effet, lors du tournage des dernières séquences, dans la petite bourgade de Romans, maquillée en Sarajevo, alors que la ville entière participait avec enthousiasme à la reconstitution de l'assassinat de l'archiduc François-Ferdinand d'Autriche (qui déclencha, on le sait, la guerre de 14), les premières affiches de mobilisation firent leur apparition sur les murs ! Il fallut abandonner à leur sort les bout-à-bout filmés, et même pas montés, de cette production qui fut du reste l'un des tout derniers films français à avoir été entrepris à la veille des hostilités.

L'affaire avait pourtant été bien engagée : le film historique connaissant un regain de faveur de la part du public en ces jours sombres de 1939, donner une sorte de '' suite libre '' au *MAYERLING* de Litvak, '' classique '' toujours en vogue, était une fort bonne idée du producteur, Eugène Tuscherer. Le premier tour de manivelle fut donné début juillet à Epinay : Ophuls s'était entouré d'une équipe triée sur le volet, rassemblant entre autres le célèbre

---

22. Ciné-Alliance et Inter Artistes Films. On peut logiquement penser, en effet, que le principal souci de cette firme était de voir sa nouvelle production prolonger le style, si commercial, de la précédente.
23. '' La Femme dans le cinéma français '' (Ed. du Cerf, 1958).

dramaturge Zuckmayer, le fidèle Curt Alexander, les assistants Jean-Paul Dreyfus et Jean Faurez[24], le dialoguiste Jacques Natanson, le décorateur d'Eaubonne, le musicien Oscar Straus (ces trois derniers se retrouveront aux génériques des films tournés par Ophuls après 1950) et quelques autres encore. Pour la première fois peut-être (ironie du sort), les collaborations allemande et française se trouvaient harmonieusement conjuguées.

Par chance, si j'ose dire, la guerre tourna court. On décida donc de terminer le film vaille que vaille. L'interprète principal, un Américain, John Lodge[25], poussa la conscience professionnelle jusqu'à revenir spécialement des U.S.A., à la fin de l'année, pour tourner quelques plans de raccord ! *SARAJEVO* et *LA LOI DU NORD* (de Jacques Feyder) furent d'ailleurs les deux seules productions d'envergure, interrompues par la guerre qui eurent le privilège d'être reprises pendant les premiers mois des hostilités. On peut lire ainsi dans la presse de l'époque cet écho peu banal : « Max Ophuls va quitter son secteur, quelque part dans la France de l'Est, pour venir diriger les derniers tours de manivelle et procéder au montage de son film *DE MAYER-LING A SARAJEVO*. » Et quelques semaines plus tard : « *DE MAYERLING A SARAJEVO* s'achève dans un ravissant décor [sic] d'avant la guerre de 14[26] ». En fait, Max Ophuls prolongea sans vergogne sa permission et put ainsi tranquillement terminer son montage, début avril 1940 environ, tout en se livrant à quelques activités complémentaires, littéraires et radiophoniques notamment.

DE MAYERLING A SARAJEVO sortit début mai à Paris et tint trois semaines l'affiche. Ce qu'il restait de la critique ne tarit pas d'éloges sur cette « œuvre délicate et racée, pleine de tact, ce beau roman d'amour mélancolique » serrant d'assez près l'Histoire, puisqu'elle mettait en scène l'héritier de la couronne des Habsbourg, François-Ferdinand, Bourbon d'Este, neveu de l'empereur François-Joseph, plein d'idées émancipatrices et généreuses, que son ennemi juré, le prince de Montenuevo, fait expédier dans les protectorats de l'empire autrichien : c'est là, au cours d'une visite à Brunn, qu'il tombe amoureux de la comtesse Sophie Chotek, dont il fera son épouse morganatique ; ils meurent assassinés tous deux à Sarajevo, le 28 juin 1914, par l'étudiant anarchiste Gavrilo Prinzip. Le film est loué également pour sa « richesse décorative », et pour l'humour particulier de certaines '' ambiances '' (scène de chasse au cours de laquelle l'empereur humilie son héritier, Montenuevo dictant sa prose aux journalistes tandis qu'on le coiffe et l'habille, scène d'amour

---

24. Ces deux collaborateurs (accidentels) d'Ophuls devinrent par la suite metteur en scène.
25. Frère du sénateur Cabot Lodge.
26. '' *La Cinématographie française* '', 13 janvier 1940.

Page précédente et ci-dessous :
DE MAYERLING A SARAJEVO **(1940)**
avec **Edwige Feuillère et John Lodge**

des deux jeunes gens sous la statue affreuse et dominatrice de l'impérial oncle, etc.). Sophie a seulement été, dit-on, quelque peu « idéalisée » et John Lodge apparaît parfois « guindé ». D'autres défauts du film, imputables en partie aux conditions de tournage difficiles, sont apparus avec le temps : montage hâtif de la dernière partie contrastant avec la perfection des premières séquences, mise en scène parfois bâclée, interprétation hétéroclite. Ce qui n'empêche point le film de regorger de beautés (éparses), telle par exemple la promenade en calèche sous la conduite de l'insolite postillon Aimos, et surtout d'un humour grinçant du meilleur aloi, évoquant parfois *LA SYMPHONIE NUPTIALE* de Stroheim. Nous l'avons noté ailleurs[27] : *DE MAYERLING A SARAJEVO* est « certainement le moins achevé des films d'Ophuls, celui où l'harmonieux roulis habituel est remplacé par de rudes cahots, mais les laques du carrosse ne sont pas pour autant dépourvues d'éclat ».

LA GRANDE TRAVERSEE

La guerre, hélas ! n'est pas qu'un sujet de film. Sarajevo, c'est aussi Montoire. Ophuls déserte les studios parisiens, désormais aussi peu sûrs pour lui que l'étaient ceux de Berlin, sept ans plus tôt. Un premier havre : la Suisse, plaque tournante des émigrés de toujours, s'offre à lui et voit éclore le fascinant projet de *L'ÉCOLE DES FEMMES* avec Louis Jouvet, Madeleine Ozeray et la troupe de l'Athénée. Faute d'avoir pu retrouver la faible partie de pellicule enregistrée (et probablement perdue à tout jamais), bornons-nous à rapporter cette confidence d'Ophuls :

C'était une expérience pour moi : il s'agissait de me promener avec ma caméra, Jouvet et ses acteurs, pendant une représentation, à laquelle participait le public, sans essayer de faire une adaptation cinématographique proprement dite de la pièce. Je voulais montrer l'acteur lorsqu'il quitte la scène et le suivre dans les coulisses pendant que le dialogue de la pièce continue ; je voulais profiter du jeu de lumière de la rampe et de derrière la rampe... Je n'ai guère tourné que le plan d'ouverture : une caméra traverse le théâtre, au-dessus de la tête des spectateurs, et Jouvet, assis sur cette caméra, se maquille, se transforme, tout en restant inaperçu du public de la salle où la lumière s'éteint progressivement. Quand la caméra traverse le rideau, elle se volatilise et Arnolphe reste seul en scène[28]...

27. ″ *Cahiers du Cinéma* ″, rétrospective Ophuls, n° cité.
28. Ce texte, ainsi que la plupart de ceux que nous citerons désormais sans autre indication de référence, est

Des images oubliées ressurgissent : séquence d'ouverture de *LIEBELEI*, avec l'œil indiscret du régisseur de l'Opéra qui observe la salle par un judas pratiqué dans le rideau de scène ; va-et-vient de la fiction à la réalité, dans *LA SIGNORA DI TUTTI* et *DIVINE ; "* sortie *"* fracassante de l'archiduchesse Marie-Thérèse (dans *SARAJEVO*), que les mondanités théâtrales ennuient profondément ; voire, par anticipation, scène de la loge de *MADAME DE* ou sonnerie du deuxième acte dans *LOLA MONTÈS*...

Ce premier plan de *L'ÉCOLE DES FEMMES* fut donc aussi, par malheur, le dernier. Faute d'argent, le producteur abandonna le film, qui s'annonçait comme le plus " pirandellien " de son auteur[29]. A peine allumés, ces prestigieux " feux de la rampe " s'éteignirent. Le rideau tomba, pour se relever sur un décor de carton pâte et de milliards, épargné par la guerre qui allait ravager l'Europe : Hollywood.

Hollywood, cela signifia surtout pour Ophuls une longue épreuve de quatre années d'inaction forcée, au cours desquelles il prend contact avec des amis européens (vainement, au début), frappe aux portes des studios qui s'ouvrent *très, très lentement*, son nom ne disant rien à personne et, de guerre lasse, se décide à écrire un *curriculum vitae* à l'intention des producteurs ignares, lequel se transforme bientôt en un volumineux recueil d'anecdotes et de souvenirs sur sa carrière européenne. Ce fut sans doute là sa plus noire période, financièrement, mais aussi moralement parlant. Certes, il put puiser, assez largement, à une sorte de " caisse de secours " réservée aux cinéastes en chômage, certes l'on manifesta autour de lui beaucoup d'amitié et de solidarité, certes son extraordinaire vitalité le préserva de bien des déboires : il n'en reste pas moins que son évolution ultérieure sera fortement conditionnée (avec bonheur, il est vrai) par ce long intermède, dans le sens d'un mûrissement douloureux des facultés créatrices, d'une gaieté plus " mâle " et plus profonde, d'un désenchantement aussi que rien désormais ne pourra tempérer et qui empruntera volontiers les voies du tragique, sans cette contrepartie de frivolité qui jusqu'alors le masquait.

Que retenir de cette époque noire ? Rien qui soit à l'honneur de Max Ophuls : un projet de comédie musicale à Broadway, un mélodrame avec Margaret O'Brien pour lequel (heureusement ?) il ne fut pressenti que pendant quelques heures, divers travaux " alimentaires " pour la M.G.M. dont nous

---

extrait, non plus des " Souvenirs autobiographiques ", interrompus à peu près à cette date, mais du précieux " Entretien " qu'Ophuls eut à Paris, quelques mois avant sa mort, avec Jacques Rivette et François Truffaut.
29. Un précieux reportage de tournage nous a été communiqué par notre confrère Hervé Dumont : " Louis Jouvet tourne à Genève ", in " Film ", 1er février 1941.

ne saurons jamais rien ; et la malheureuse expérience de *VENDETTA,* au cours de laquelle Ophuls, ravalé par la morgue hautaine d'un auteur-producteur qui se disait son ami à la condition humiliante de '' valet de studio '', alors qu'on lui en avait laissé espérer le commandement, paraît bien avoir touché le fond... *VENDETTA* était une adaptation, fort correcte au demeurant, de '' Colomba '' de Mérimée. De la vierge vengeresse armant le bras de son frère, Ophuls nous eût-il donné un portrait admissible ? On peut en douter : chez lui, la femme est plus volontiers victime que bourreau. Carmen l'eût assurément inspiré davantage.

Et puis, alors que tout semblait perdu, que le divorce entre Ophuls et le cinéma paraissait consommé, ce furent, grâce à l'entrée en scène de Douglas Fairbanks Jr., de fulgurantes retrouvailles : un film malicieux, débridé, tourné à la diable, témoignage d'une seconde jeunesse, au titre combien amer cependant : *L'EXILÉ.*

RETOUR AUX SOURCES

A première vue, *L'EXILÉ* n'est rien de plus qu'un film de cape et d'épée traditionnel, dans lequel Fairbanks ambitionne de marcher, allègrement, sur les traces de son père. Cette impression se trouve renforcée par le fait que l'acteur hollywoodien, à qui l'on faisait jouer des rôles trop '' statiques '' à son gré, déclara textuellement avoir voulu rendre hommage à l'illustre interprète du *NOUVEAU D'ARTAGNAN,* du *VOLEUR DE BAGDAD* et autres classiques du muet. Non seulement l'initiative lui revient, mais il signa même le scénario aux côtés d'Ophuls[30] et incarna un personnage bondissant et caracolant à souhait, que son director ne songea nullement à modérer, loin de là : il est même permis de considérer que Fairbanks apparaissait ainsi comme l'acteur ophulsien par excellence, avec lequel l'ex-*oiseau migrateur* se sentait, extérieurement du moins, le plus d'affinité.

Le point de départ est historique, dans l'ensemble sinon dans le détail : au XVIIe siècle, le roi d'Angleterre Charles II Stuart est contraint d'abandonner le trône à la suite d'intrigues de cour et de se réfugier en Hollande, où l'attendent mille pièges tendus par les *têtes rondes,* espions anglais à la solde de Cromwell, et aussi de rafraîchissants intermèdes amoureux. Une délicieuse fermière, vendeuse de tulipes, ainsi qu'une comtesse intrigante, mais pleine

30. En s'inspirant d'un roman de Cosmo Hamilton.

de ressources, occupent, successivement et parfois contradictoirement, les épisodes galants ; cependant qu'à la suite de combats mouvementés et de rebondissements divers, le roi, grâce à l'appui de quelques fidèles, recouvre son trône...

N'y a-t-il vraiment là, ainsi que le pensèrent les critiques et sans doute aussi les spectateurs, « qu'une aimable incursion dans l'histoire des rois, une production de série B à caractère artificiel amplifié par la réalisation en studio de nombreuses scènes qui auraient dû être tournées en extérieur[31] ». C'est minimiser singulièrement le charme extraordinaire qui se dégage d'une œuvrette sans prétention, certes, mais qui, dans son genre et même aux U.S.A. (où il prolifère), trouve peu d'équivalents, sinon justement dans les films muets de Douglas Fairbanks Sr., mis en scène par ces orfèvres que sont Allan Dwan ou Raoul Walsh. Pour cette juvénilité et ce dynamisme, pour cette « imagination très pure et très gaie » que le producteur-vedette, à l'instar de son père, sut insuffler à toute l'œuvre, et qui se répercuta dans la mise en scène, réellement d'« une prodigieuse virtuosité »[32], L'EXILÉ méritait déjà une mention mieux qu'honorable. La grande tradition du film d'aventures féeriques y est retrouvée sans effort, avec une belle simplicité.

Voici du reste exactement comment Ophuls conçut ce film, avec lequel il avait tendance à se montrer trop sévère, par la suite :

Je tâche de traiter ce sujet à la manière d'une vieille ballade, naïve et remplie de charme, évoquant les prouesses de la chevalerie. J'évite toutefois tout caractère pompeux, grandiloquent, de faux courage, qui ne trouverait pas sa place dans cette aventure humaine[33]...

L'esprit du film d'aventures s'y tempère, en effet, d'une humanité peu commune en pareil domaine. Certain plan où la caméra, après un long *travelling* passant en revue les rares serviteurs restés fidèles au roi et rassemblés dans un grenier, vient cadrer Fairbanks rêvant au pays natal, s'immobilise brusquement quand celui-ci trouve pour en parler des mots empreints d'une soudaine gravité, puis se recule, comme reprise par le goût du jeu et de la cabriole, s'ébroue et repart en trombe — ce plan est peut-être bien l'une des plus belles '' haltes '' qui soit dans l'œuvre tumultueuse de notre auteur. (Est-il besoin de souligner, en outre, en quoi la situation du roi exilé pouvait lui être tristement chère ?) Que dire de la séquence finale des adieux entre Charles

31. '' *Cinémonde* '', n°724 et '' *La Cinématographie française* '', n°1262 (juin 1948).
32. Claude Chenot, '' *Cinévie* '', du 15 juin 1948.
33. Propos rapportés par Kira Appel ('' *Ciné-Revue* '', 1947).

Paule Croset, Maria Montez et Douglas Fairbanks Jr. dans *L'EXILÉ* (1947)

et Katie, annonçant en mineur de manière si frappante ceux de Louis de Bavière à Lola Montès ? D'autres moments du film évoquent du reste à s'y méprendre *LOLA :* l'arrivée dans l'auberge de la comtesse de Courteuil en grand équipage, et d'une façon générale toutes les séquences en berline. Est-ce trop solliciter les coïncidences, évidemment fortuites, ou faire preuve d'une sorte de fétichisme que de remarquer que le patronyme de la vedette, Maria Montez, est celui-là même que l'état civil attribue effectivement à la comtesse de Lansfeld ?

Quant au décor de *L'EXILÉ,* entièrement réalisé en studio, on ne dira jamais assez quelle poésie précieuse, transparente, diaphane, il sécrète : qu'il s'agisse d'un petit port hollandais au début, d'un champ de tulipes, d'un moulin à vent perché sur la lande autour duquel panoramique amoureusement la caméra... On a évoqué à son propos les peintures de Philips Wouverman. On peut penser aussi à Ruysdael.

D'autre part, comment ne pas voir dans ce petit film une sorte de retour aux sources, de pèlerinage accompli par l'auteur des comédies rhénanes de naguère à ce qui fut peut-être son plus secret penchant : l'opérette à costumes, à mi-chemin de l'Histoire et de la fantaisie la moins contrôlée ? Que la caméra ait ici des ailes, c'est encore trop peu dire. C'est l'imagination sans frein de l'auteur de *LA FIANCÉE VENDUE* qui a retrouvé enfin toute sa légèreté et sa turbulence, au lieu que son acclimatation dans les studios français s'était toujours trouvée plus ou moins différée. Ophuls peut bien dire que c'est à partir de ce film qu'il se mit à aimer Hollywood. Il aurait pu ajouter qu'il recommençait enfin à aimer le cinéma : pour ce que celui-ci lui permettait à nouveau de se livrer à un merveilleux voyage aux confins de la fiction et de la réalité. Un mot encore à propos de *L'EXILÉ.* A en croire Louis Marcorelles[34], « quand Douglas a triomphé du traître et définitivement conquis sa dulcinée, chacun rengaine son épée, bons et méchants bras dessus, bras dessous s'avancent décontractés vers le spectateur qu'ils s'en viennent saluer fort révérencieusement. Comme Jean Vilar et ses comédiens au Palais de Chaillot ». Aucune des versions que nous avons pu visionner ne comporte, même allusivement, un pareil final. Celui-ci apparaît au contraire franchement '' réaliste '', avec la marche très officielle du roi et de son escorte vers l'embarcadère du retour, cependant qu'un ultime plan nous montre Paule Croset, abandonnée pour raison d'Etat, essuyant furtivement une larme dans une mansarde donnant sur le port. Loin donc de s'achever sur une note désinvolte, cette fin malheureuse détonne presque avec l'ensemble. Mais peut-être Ophuls avait-il prévu, et même tourné, une *happy end* plus conventionnelle ?

TENDRE ET CRUEL SOUVENIR

Le dernier tour de manivelle de *L'EXILÉ* n'est pas encore donné que l'on confie à Ophuls la réalisation d'un second film dans les studios californiens : *LETTRE D'UNE INCONNUE,* d'après une nouvelle de Stefan Zweig[35]. « Max se passionna pour le sujet, rapporte Hilde Ophuls[36], bien qu'il dût le modifier considérablement afin d'éviter des ennuis avec la censure. » Il ne nous paraît pas inutile de donner au lecteur un résumé détaillé du scénario qu'il rédigea, en collaboration avec un ami américain, Howard Koch[37] : nous préciserons ensuite les différences qui le séparent du récit, d'ailleurs fort connu, de Zweig[38].

Deux personnages : Stefan Brand, pianiste en vogue, et une jeune fille de quinze ans, Lisa Berndle, qui lui voue, à son insu, une admiration sans bornes puis un amour aussi désespéré qu'indestructible. Leur idylle a commencé dans le cadre enchanteur de la Vienne de 1890. Trente ans plus tard, Brand, devenu une célébrité mondiale, reçoit une lettre où celle qui l'aima tendrement lui raconte comment sa vie entière fut bouleversée par cette passion de jeunesse, que lui en revanche ne prit guère au sérieux et avait même fini par oublier tout à fait : *Quand vous lirez cette lettre, je serai peut-être morte. J'ai tant à vous dire et je dispose de si peu de temps...* Lisa raconte donc comment elle rompit une première fois des fiançailles avec un sous-officier de la garde impériale, par fidélité à ses souvenirs d'adolescente ; puis elle évoque leurs retrouvailles d'un soir, dans un café du Prater, leur promenade dans les rues enneigées et les baraques foraines où acheva de se cristalliser son amour ; la naissance d'un fils à la suite de cette rencontre, son mariage '' de raison '' avec un riche diplomate à qui elle ne manque pas de confesser sa faiblesse, la douloureuse équivoque d'une ultime entrevue avec Stefan, qui ne la reconnaît point et la prend pour une femme de mœurs légères ; enfin, comme un châtiment du Ciel, l'épidémie de typhus qui vient terrasser son fils et la menace elle-même gravement... *Ma tête bat et mes tempes sont brûlantes*, conclut Lisa d'une écriture de plus en plus tremblée. *Si cette*

34. '' *Cahiers du Cinéma* '', rétrospective Ophuls, n° cité.

35. Écrivain d'origine autrichienne (mort en 1942) connu également pour ses romans : '' Amok '', '' La pitié dangereuse '', '' Vingt-quatre heures de la vie d'une femme '' et un essai : '' La lutte avec le démon ''. Zweig fut très influencé par les théories de la psychanalyse. Ophuls paraissait le tenir en très haute estime.

36. Postface à '' Spiel im Dasein '', p. 228.

37. Ne pas confondre cet excellent scénariste, qui travailla également avec William Wyler, et son homonyme - à une lettre près - Howard W. Koch, metteur en scène de *LA RAFALE DE LA DERNIÈRE CHANCE, LE SALAIRE DU COURAGE,* etc.

38. Signalons deux autres moutures de cette célèbre nouvelle : l'une muette, d'Alfred Abel, avec Renée Héribel et Jack Trévor, l'autre réalisée et interprétée, au début du parlant, par un amateur assez doué, Paul Cleva.

*Ci-contre
et page suivante* :
**Joan Fontaine
et Louis Jourdan
dans**
*LETTRE D'UNE
INCONNUE*

78

lettre vous parvient, sachez que ma vie n'a compté que par les moments que j'ai eus avec vous et avec notre enfant. Si seulement vous aviez pu partager ces moments-là, comme la vie eût été belle ! Au bas du dernier feuillet, une sœur garde-malade a ajouté que l'auteur de la lettre avait expiré peu après avoir écrit ces derniers mots. Il ne reste plus à Brand, écrasé par ces révélations, qu'à répondre à la provocation en duel qu'il a reçue, quelques heures auparavant, d'un certain Johann Stauffer, diplomate hongrois. Et à expier à son tour.

Ce scénario serre en fait d'assez près l'œuvre de Zweig, avec la nuance (capitale, il est vrai) que l'héroïne a été, du livre à l'écran, fortement idéalisée. Dans la nouvelle, Lisa passe tout naturellement de l'état de jeune demoiselle romantique, séduite puis abandonnée avec son enfant, à celui de courtisane, déchéance incompatible avec les codes de décence hollywoodiens. C'est sous cette apparence, alors qu'elle se produit dans un cabaret, que Lisa rencontre à nouveau Stefan et passe une nuit avec lui, sans qu'il la reconnaisse. Aucune turpitude de ce genre à l'écran, sinon comme une éventualité un instant redoutée. Quant au personnage du mari diplomate, il est de l'invention pure des adaptateurs, ainsi que le rebondissement final du duel, *deus ex machina* typiquement ophulsien puisqu'on le retrouve dans *LIEBELEI* et *MADAME DE*. Or, ce qui pouvait paraître au départ simple servitude commerciale a suscité en fin de compte un puissant affermissement psychologique, permettant au film de se dégager de l'enlisement (presque inévitable sans cela) dans les ornières du mélodrame et lui conférant en outre son plein épanouissement poétique. Jamais par ailleurs Ophuls ne prit à ce point parti pour une de ses héroïnes (admirablement incarnée par Joan Fontaine), contre l'égoïsme et l'indifférence de l'homme. Lisa devient la sœur en souffrance et en abandon de Christine et de Louise. Ce personnage qui aurait pu sombrer dans la convention devient ainsi l'un des plus purs et des plus pathétiques de la mythologie féminine de l'auteur.

Une fois de plus, nous sommes en présence d'une véritable transfiguration de la donnée initiale. L'art du récitatif, de la transparence romanesque (on pourrait aussi bien dire musicale) que l'on trouve dans presque toutes les intrigues ophulsiennes, atteint là son apogée. L'impondérable du temps qui passe, le cours de l'existence que l'on voudrait endiguer, je ne sais quel frémissement plus subtil que celui de la vie elle-même, « le lent et douloureux cheminement de l'amour dans l'ombre et à l'insu de celui qui en est l'objet[39] », la poignante nostalgie qui se dégage de tout cela, autant de thèmes traduits

39. José Zendel, " *Écran français* " du 9 novembre 1948.

avec une tendresse arachnéenne et qui planent, tel un poème de Verlaine, dans les brumes délicates du souvenir... C'est Vienne encore une fois, mais plus intemporelle qu'elle fut jamais, pareille à quelque paysage de conte de fées, et c'est l'amour malheureux tel que LIEBELEI une fois pour toutes en a fixé le modèle. Rarement le dépaysement romantique nous a paru atteindre, sur un écran, une aussi exquise pureté.

« L'art d'Ophuls, note avec justesse Louis Marcorelles[40], consiste ici, selon une optique très féminine, à mettre en évidence le poids de l'instant, le désir de la femme amoureuse qui charge chaque minute d'amour d'une intensité passionnée. Rêveuse, tendre, perdue dans sa passion, Joan Fontaine ne vit que par et pour l'amour dans cette Vienne impériale où tout semble décor... »

On n'en finirait pas de dénombrer les richesses d'une œuvre qui est assurément de la même nature, fragile et presque impalpable, que LIEBELEI et la plus caractéristique qui soit peut-être de l'*Ophuls touch*[41]. Plutôt que de tenter d'expliciter ce qui relève presque du mystère de la création esthétique, bornons-nous à donner quelques précisions sur ce fameux décor de la '' Vienne de l'exil '', entièrement construit dans les studios de l'Universal. Ce fut indubitablement l'une des plus délicieuses miniatures jamais édifiée à Hollywood. Les talents conjugués d'un Trauner, d'un Lazare Meerson, d'un d'Eaubonne et d'un Starewitch ne peuvent en donner qu'une faible idée. L'inspirateur en fut Charles Baker, véritable magicien qui, à l'aide de matériaux diversement combinés, parvint à rebâtir, à l'échelle de 5 cm pour 3 m, le pont de pierre enjambant le Danube, la statue de l'empereur François-Joseph, la cathédrale, joyau de l'art gothique, les arbres, les maisons, les réverbères, le pavement des rues en petits galets de taille uniforme, etc. Tâche fabuleuse ! Il fallut s'inspirer de peintures du temps, trouver aux U.S.A. une qualité de chêne rabougri qui ne fût pas anachronique et recréât exactement les motifs désirés, édifier une cathédrale et une maison de garde octogonale en plâtre pétri, poudrer de talc cette cité lilliputienne pour donner l'illusion de la neige[40], la peupler enfin de petits mannequins en frac et de poupées à robes froufroutantes...

40. '' *Cahiers du Cinéma* '', n° cité.
41. Cf. notre article lors de la nouvelle distribution du film en France, in '' *Cinéma 69* '', juillet-août 1969.
42. La neige de SANS LENDEMAIN était faite de menus débris de peaux de gants émiettés sur une couche de borate de soude. Dans MADAME DE , des morceaux de lettre déchirée jetés au vent par la portière d'un wagon se confondent, dans la brume du petit matin, avec des flocons de neige. Dans LOLA, pour restituer une atmosphère '' hivernale '', des machinistes passeront des heures entières à revêtir d'immenses draps blancs la surface des toits, ou à piqueter les branches d'arbres de flammèches de cotons... Il y a là plus qu'un souci maniaque d'exactitude décorative. Depuis la promenade en traîneau de LIEBELEI, une profonde nostalgie de la pureté ne cesse d'obséder Max Ophuls. Le moins étonnant n'est pas que celle-ci trouve toujours à s'exprimer '' avec les moyens du bord '', les artifices les plus incongrus servant chaque fois merveilleusement l'idée initiale.

On commence à mesurer à quel point chaque film d'Ophuls se présente d'abord aux yeux comme une sorte de miracle décoratif, comme une architecture de dentelle amoureusement élaborée. A cet égard, *LETTRE D'UNE INCONNUE* pourrait bien être regardé comme son chef-d'œuvre.

Un dernier mot sur la carrière du film : il bénéficia d'un lancement assez fort, à la suite d'une preview encourageante dans une petite banlieue d'Hollywood, à Pasadena. Les premières recettes furent pourtant médiocres ; mais les valeurs du film remontèrent en flèche à l'étranger, notamment en Angleterre. En France, il fut assez mal accueilli par les critiques (il n'y a guère que Jean-Jacques Gautier pour avouer qu' « il se dégage, à la longue, de ce film, un charme assez subtil, et difficilement analysable[43] »), mais normalement diffusé à Paris et en province. De nombreuses salles du Sud-Ouest le projetèrent par exemple avec succès durant l'hiver 1949. Enfin, une seconde carrière, très brillante, s'ouvrit pour *LETTRE D'UNE INCONNUE* environ cinq ans plus tard, à la télévision américaine, puis à partir de 1969, en France, grâce aux efforts d'un jeune attaché de presse, Pierre Rissient.

SERIES NOIRES A L'AMERICAINE

Nous ne nous attarderons guère sur les deux derniers films américains de Max Ophuls, *CAUGHT* surtout, qui demeure incompréhensiblement inédit en France où il n'a été montré qu'à la télévision. Adapté par Arthur Laurents d'un roman de Libbie Block : '' Wild Calendar '', *CAUGHT* (dont la traduction littérale serait '' Attrapée '' ou mieux : '' Piégée '') conte l'histoire, assez mélodramatique, d'une jeune fille pauvre et ambitieuse, Léonora, qui épouse un multimilliardaire névrosé et paranoïaque, lequel lui rend la vie impossible. Elle a une idylle avec un docteur et cherche à se séparer de son mari. Mais celui-ci ne veut rien entendre. Il succombe opportunément à une crise cardiaque.

Tout cela est noir, très noir. Dans le '' *Sunday Chronicle* '', Paul Dehn écrit que « *CAUGHT* a été réalisé dans l'esprit d'Orson Welles : éclairage dramatique, sensation étouffante de claustrophobie, etc... Mais ce style un peu lourd, Max Ophuls l'a remarquablement amélioré ». De son côté, Gavin Lambert[44] juge que « les caractères des personnages secondaires ne man-

---

43. '' *Le Figaro* '', 10 novembre 1948.
44. '' *Séquence* '', automne 1949

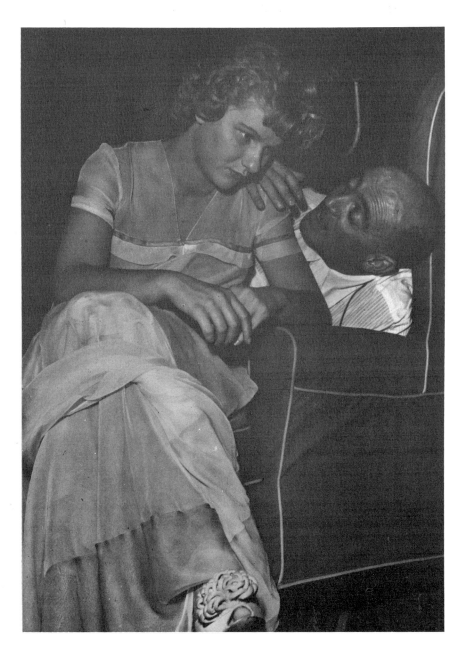

Direction d'acteur. Dans le décor de CAUGHT (1949) avec Barbara Bel Geddes

quent pas d'acuité dans le trait » ; il loue la « direction d'acteurs maniérée mais tellement personnelle, le travail de la caméra en petites touches subtiles, le dynamisme de l'ensemble ». Quant à Jean-Luc Godard, qui aurait vu ce film en Bolivie, il estime que *CAUGHT* rappelle, ou plutôt annonce, *LES MAU-VAISES RENCONTRES :* avant que l'adaptation à l'écran du roman de Jacques Laurent '' Une sacrée salade '' ne soit confiée à Alexandre Astruc, Ophuls se passionnera en effet pour le sujet, assez voisin de celui du récit de Block, que résume ainsi Godard : « Une fille arrive à New-York et fait son apprentissage de citadine en même temps qu'elle passe d'un homme à l'autre[45]... Notre Eve moderne sera finalement bien '' attrapée '' d'avoir confondu l'amour et ce qu'elle croyait être l'amour en tombant dans les pièges dont elle avait elle-même agencé le mécanisme. *CAUGHT,* c'est une Marianne made in U.S.A., à moins que ce ne soit une Lamiel, bref du Stendhal corrigé par Marivaux[46] ».

Voilà bien des références accablantes ! Max Ophuls pour sa part déclare plus modestement à propos de ce film[47] qu'il eut *des difficultés avec la production au sujet du script et que cela déraille un peu vers la fin, mais jusqu'aux dix dernières minutes ce n'est pas mal* ! Précisons enfin que le premier titre de *CAUGHT* devait être *THE BEST THINGS IN LIFE ARE FREE* ('' Dans la vie, les meilleures choses sont à portée de la main ''). Maxime un peu abrupte, peut-être, dans une perspective ophulsienne globale, mais qui définit parfaitement le personnage de jeune Américaine arriviste présenté ici — et qui paie d'ailleurs cher le prix de son cynisme.

Quant à *THE RECKLESS MOMENT (LES DÉSEMPARÉS),* dernier film d'Ophuls tourné dans les studios hollywoodiens, et qui fut normalement programmé à Paris, sans grand succès du reste, il évoque curieusement *LA FEMME SUR LA PLAGE* de Renoir et *CLASH BY NIGHT* de Fritz Lang dont il est presque contemporain — mais ne les vaut ni l'un ni l'autre. Trois films, de trois exilés, voisins par l'inspiration, mineurs assurément par rapport à l'ensemble de leur œuvre, mais dont la confrontation est fructueuse, car parfaitement révélatrice de la manière propre à chaque cinéaste. Le film de Renoir baigne dans un climat tout de violence charnelle contenue, celui de Lang est d'un romantisme étincelant et ciselé, Ophuls enfin paraît s'orienter vers une crispation ultime de sa sensibilité, plongeant ses protagonistes dans un univers lugubre et ouaté, où le désespoir a tout recouvert, donjuanisme, amitié et

---

45. C'est aussi, en somme, le sujet de *VIVRE SA VIE* : les '' emprunts '' de Godard cinéaste à Ophuls sont, notons-le au passage, constants.

46. '' *Cahiers du Cinéma* '', n° cité.

47. Ce qu'il ne dit pas est que le tournage coïncida pour lui avec une période de fatigue nerveuse intense, qu'il surmonta non sans peine.

bonheur familial y compris. La *gemütlichkeit* rhénane y est anéantie dans les arcanes du film noir. Un résumé du scénario, assez quelconque, ne rendra compte qu'imparfaitement de ces subtilités, introduites surtout par le style. Lucia Harper, pour innocenter sa fille compromise dans une affaire crapuleuse, et meurtrière par imprudence, cède à un chantage. Le mari absent n'en saura rien, non plus que la famille engluée dans le confort bourgeois, mais ç'aura été pour la mère une épreuve terrible dont elle se tirera de justesse. Un amour éphémère, et désespéré, qui la lie au maître chanteur, ajoute à son angoisse et aggrave encore le déchirement final.

Mélodrame ? Oui, en apparence tout au moins, et il suffit pour s'en persuader de se référer à la publicité — combien maladroite — qui fut faite en France aux *DÉSEMPARÉS :* « Un grand film sentimental contant le trouble jeté dans une famille unie par la faute d'un de ses membres » ! L'œuvre méritait mieux que ce jargon, et Louis Marcorelles a raison de noter qu'Ophuls, peintre sans conviction des amours bourgeoises, peu doué de surcroît pour le suspense et la bagarre, retrouve néanmoins sa personnalité dans les scènes intimistes : la visite en commun au drugstore, où Mason commande des filtres antinicotine pour Joan Bennett, le gosse turbulent qui s'interpose aux moments délicats, etc. Dans ces moments-là, un tact, une pudeur, un sens de la suggestion et des nuances permettent d'esquiver de justesse les pires écueils. Ajoutons que le personnage de la mère, s'il n'ajoute pas grand-chose à la conception ophulsienne de la féminité, n'en exhale pas moins quelques accents authentiquement tragiques (cela étant sensible surtout dans la séquence finale). Ophuls fait trébucher Lucia Harper dans les escaliers de sa villa, comme hier Divine sur les planches, comme demain Lola sur son trapèze. Bref, « malgré la commande et les conventions du genre, il nous ramène vite à son univers : l'illusion du bonheur, les risques de l'amour véritable[48] ».

C'est sur cette note grave que s'achève, après quelques accords malheureux, la période américaine d'Ophuls.

---

48. Louis Marcorelles, article cité.

Page suivante
Max Ophuls tourne *LE PLAISIR* **(1952)**

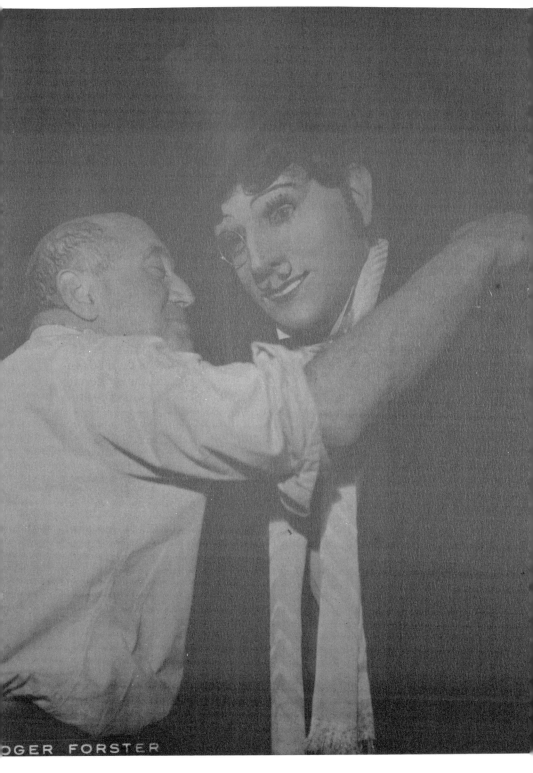

4. Le couronnement

L'ART DE L'AMOUR

De retour en France, aussitôt abandonné le projet, qu'aucun producteur ne veut financer, d'une adaptation de '' La Duchesse de Langeais '' avec Garbo, Ophuls met en chantier le premier volet de sa grande '' tétralogie '' finale : *LA RONDE,* où il renoue avec son auteur favori, Arthur Schnitzler. A partir de ce film, on peut considérer que la pleine maturité du génie ophulsien est atteinte, et que l'équilibre, jusqu'alors instable, de toutes les influences subies est définitivement réalisé. *LA RONDE,* ce sera Schnitzler revu et nuancé par Balzac et Stendhal, *LE PLAISIR* l'idéale conciliation de l'impressionnisme français et du baroque germanique. Dans *MADAME DE,* un classicisme proprement racinien se trouvera enchâssé dans l'écrin d'une virtuosité évoquant Haydn et Mozart. Quant à *LOLA MONTÈS,* fabuleux opéra cinématographique, Ophuls — pressentant que ç'allait être son chant du cygne — tentera d'y rassembler, en une synthèse grandiose, ses obsessions les plus chères (et non les moins douloureuses), le souvenir poétisé de ses voyages à travers les deux continents, son goût du délire décoratif, créant enfin un *vibrato* spectaculaire d'une intensité rarement atteinte en matière de septième art : à mi-chemin du '' Chevalier à la rose '' et de ''La Flûte enchantée ''... Le moins admirable n'est pas que ces fêtes des sens et de l'âme, sur lesquelles plane l'angoisse de la mort, suscitent, par-delà leur vitalité tourbillonnante, une émotion du même ordre que celle qu'engendreraient des cantates funèbres. Quel cinéaste s'est approché si près de la frontière infime et infinie qui sépare les plaisirs terrestres de la terreur douloureuse du trépas ?

Plus que jamais, dans *LA RONDE*[1], Ophuls idéalise son modèle. L'étude de mœurs bourgeoises telle que la concevait Schnitzler, expérimentateur glacial

---

1. Nous voulons croire que le lecteur aura vu les films de cette dernière période, tous normalement en circulation à l'heure où ces lignes sont écrites. Cela nous dispensera, peut-être, de résumés fastidieux qui alourdiraient inutilement ce volume.

qui projetait sur les arcanes de l'amour physique le plus cynique des regards et se bornait à placer à tour de rôle des pantins pris à différents degrés de l'échelle sociale dans la même situation humiliante : l'agitation sur un lit, démontant sans vergogne l'horlogerie du sentiment et concluant que les gestes de l'amour sont les mêmes pour tous, cette étude presque clinique va se muer, par la grâce souriante d'Ophuls (et de ses collaborateurs, en tête desquels le scénariste Jacques Natanson), d'abord en une série de pochades pleines d'humour et de tendresse, ensuite en une méditation philosophique combien plus profonde sur le thème éternel du désir et de l'amour. L'introduction d'un personnage nouveau : le bonimenteur, maître du passé et de l'avenir, imperturbable meneur de jeu (porte-parole d'Ophuls lui-même), va préciser sans erreur ces perspectives. *Je suis*, dit-il en s'adressant aux spectateurs, *l'incarnation de votre désir..., de votre désir de tout connaître.* Ce n'est plus quelque analyse physiologique ou sociologique des gestes de l'amour qui le préoccupe, mais *l'art de l'amour* ou, ce qui revient au même, *l'amour de l'art*[2] : sur ce calembour surprenant repose toute l'intelligence du film. Il n'est pas facile de l'exprimer en termes discursifs, car elle est sous-jacente à l'ironie de la narration, et aussi parce que LA RONDE est le film le plus stylisé, le plus délié de son auteur, celui où la mélodie est la plus ténue, à peine orchestrée. Les pièces maîtresses de la mécanique et de la pensée ophulsiennes s'y retrouvent toutes, mais non plus enrobées dans un contexte fallacieux qui nous les dissimule : en tant que *principes constitutifs* de l'œuvre même, se mettant pour ainsi dire en marche sous nos yeux. De même, ses personnages, réduits presque à l'état d'épures.

Quel est le sens profond de LA RONDE ? Que le désir n'est rien, que l'amour est tout. Que le bonheur ne se trouve que *dans la vérité et la pureté* (ainsi s'exprime Fernand Gravey, au cours d'un dialogue révélateur, dont l'humour côtoie finement la gravité) et non dans *cette existence horrible de ruses, de mensonges et de périls constants* qu'est le libertinage. Que derrière le personnage social, pantin assez ridiculement harnaché, se dissimulent des cœurs qui palpitent et souffrent. Que c'est la Mort qui tire les ficelles, et que tout notre effort pour l'oublier dans le vertige du mouvement se solde par un échec. Qu'enfin la marque fondamentale de notre impuissance est le *temps*.

Pour les amants éphémères de LA RONDE, il est toujours trop tôt ou trop tard pour l'amour : moins cinq de quelque heure, ou un peu plus de onze heures... Eterniser le vertige de l'instant présent s'avère une impossibilité pro-

2. Allusion au dialogue de l'avant-dernier sketch, entre le comte et le meneur de jeu.

prement métaphysique. Seul le couple légitime paraît avoir toute la vie devant soi, mais lui-même préfère trouver refuge dans les souvenirs du passé (et la pendulette-métronome dans la chambre conjugale témoigne du reste avec assez d'insistance de la marche implacable du Temps sur les destinées). Le sens est clair : l'amour humain échoue sans cesse dans sa quête dérisoire du bonheur. La fuite, ou l'adieu, et en tout cas l'oubli (traversé de vagues réminiscences) sont les séquelles inéluctables de l'étreinte. Une fois de plus, mais avec une évidence plus éclatante que jamais, le donjuanisme prétendument frivole de l'auteur débouche sur un pessimisme total.

Réflexions bien sévères, objectera-t-on, autour d'une œuvre habituellement qualifiée de pétillante et de superficielle ! Je ne connais, en réalité, pas de film plus désespéré, plus tragique sous son apparence légère, d'une beauté plus immaculée et d'un tel dépouillement par-delà sa frénésie ondoyante. Certains sketches de ce film, certaines répliques essentielles durent à peine quelques minutes ; un cinéaste de génie y fait tenir l'éternité.

Ajoutons que l'accueil critique fait à *LA RONDE* à sa sortie en 1950 témoigna de la plus totale incompréhension : « Une gigantesque partie de saute-pin-up, un carnaval du pince-séant, une anthologie du Tu viens chéri, y a du feu chez moi... », lit-on dans tel hebdomadaire se piquant de gauloiserie bien française, et dans cet autre qui se voudrait défenseur du bon cinéma : « Un film scandaleux... Un digest des diverses formes du libertinage. Prétendre divertir le public par une dérision systématique de l'amour véritable est une ambition qui ne peut faire honneur à personne ». Des estimations plus sérieuses vinrent heureusement contrebalancer ces grossières erreurs d'optique. Mais c'est en Allemagne que l'accueil sera le plus lucide. Gunter Groll, par exemple, décrit dans le '' *Süddeutsche Zeitung*[3] '' *LA RONDE* comme « un film sans lieu défini, hors de l'espace et du temps : à partir de l'atmosphère d'autrefois, de la sociologie fin de siècle, il vise l'éternel humain... Une élégie élégante. Une critique en habit de société. Un petit théâtre mondial viennois ».

Le succès commercial du film, en France comme à l'étranger, fut énorme. Si l'on peut déplorer qu'il n'ait pas été dénué de toute équivoque, on ne doit pas moins l'enregistrer avec satisfaction, Ophuls en ayant depuis longtemps perdu l'habitude. C'est grâce à ce triomphe qu'il put ensuite imposer entièrement ses vues aux producteurs. Inutile d'ajouter que ce sera — juste retour des choses — à leurs risques et périls !

3. 23 novembre 1950

Page précédente : *LA RONDE* (1950)
avec Simone Simon et Serge Réggiani.

LA TRAVERSEE DES APPARENCES

Après Schnitzler, Maupassant. Et de même que pour celui-là, un élargissement du prétexte initial, un vagabondage très libre chez nombre de créateurs français '' limitrophes '' du grand conteur naturaliste, qui conduisit ainsi Ophuls successivement du côté de Flaubert, Zola, Anatole France, Renoir (le peintre), Monet, Eugène Boudin et quelques autres[4]. Maupassant, à vrai dire, fut de tout temps un auteur chéri des cinéastes. Il inspira notamment Jean Renoir, Helmut Käutner, Albert Lewin, André Michel, Alexandre Astruc, etc.[5]. L'ambition de ces metteurs en scène a été de restituer, en fonction de leur tempérament, le pittoresque verveux, frisant la vulgarité, de l'écrivain, en même temps que l'ambiance puissamment réaliste où baignent ses contes. Seul, Renoir était parvenu à transposer en termes cinématographiques un style inimitable, sans le trahir d'aucune sorte, le nourrissant de sa propre sève et faisant de Maupassant une sorte d'ancêtre des peintres impressionnistes.

Ophuls opère une transformation plus radicale encore, s'appropriant littéralement les œuvres, les décrassant de leur vernis naturaliste, les réévaluant enfin selon ses canons personnels. Dirons-nous qu'il trahit Maupassant ? Sans doute. Mais il le surclasse aussi dans une certaine mesure. Cela vaut mieux qu'un respect compassé et stérilisateur.

Le choix du cinéaste s'était porté sur trois nouvelles :'' le Masque '', '' La Maison Tellier '' et '' La Femme de Paul '', cette dernière devant être remplacée in extremis par '' Le modèle[6] ''. Observons d'emblée que ce morcellement apparent de la construction n'implique nullement la division traditionnelle en '' sketches '' séparés les uns des autres.L'on a affaire plutôt à un *triptyque* tel qu'en peignaient les artistes du Moyen Age et dans lequel les volets droit et gauche répondent symétriquement au panneau central. La voix du narrateur, personnage d'ombre, est d'ailleurs là pour relier subtilement entre eux les trois épisodes. C'est le second (sans que pour autant nous puissions l'isoler de l'ensemble) qui retient d'abord notre attention. Des pensionnaires d'une maison close s'en vont à une première communion à la campagne. Elles y découvrent, non des motifs de plaisanteries scabreuses, mais la pureté. Pureté des communiantes vêtues de blanc, pureté des fleurs et de la nature en fête, pureté architecturale d'une église normande. Par manière

4. Georges Annenkov s'est plu à évoquer les conversations qu'il eut avec le réalisateur pendant la genèse du PLAISIR : l'éventail d'auteurs cités à cette occasion par les deux hommes est éloquent !
5. Cf. l'essai de Guy Allombert : '' Maupassant à l'écran '' (Club du livre de Cinéma, Bruxelles).
6. Nous avons publié dans la première édition du présent ouvrage un extrait du découpage de LA FEMME DE PAUL, sketch non réalisé.

de réciprocité, le paysan du cru qui les accueille connaîtra les joies factices du plaisir, tôt enfui. De cette confrontation de deux mondes, la nature d'une part et de l'autre le libertinage froufroutant, et de leur impossible conciliation, naît une sourde nostalgie. Ophuls, bien qu'il frise ici à plusieurs reprises la tragédie, ne s'écarte presque jamais de la gamme légère (sauf lors des plans, proprement bouleversants, du retour du paysan vers sa ferme). Mais à cette nuance de mélancolie répondent les tons beaucoup plus sombres des deux volets extérieurs : sur l'un (*Le Masque*), une épouse résignée attend fidèlement son vieux mari qui chaque soir court le palais de la Danse, son visage ridé couvert d'un masque de jeune homme ; l'autre (*Le Modèle*) nous dépeint la séparation tragique d'un couple de jeunes artistes, dont l'amour a mal résisté à l'épreuve du temps.

La leçon est claire, et prolonge rigoureusement celle que nous avons dégagée de *LA RONDE* : pour tous les âges le plaisir est chose facile, mais contrecarre presque toujours le vrai bonheur. *Le bonheur n'est pas gai*, conclut le narrateur, le bonheur est une longue patience, non une tourbillonnante folie. Or la tentation est grande pour l'être humain (et pour le cinéaste) de se laisser aller à la griserie du mouvement, alors que le repos — et la méditation solitaire — sont les seules réalités essentielles. On voit que Maupassant a été bel et bien laissé en chemin. En revanche, Pascal, et sa critique du *divertissement*, ne sont pas loin.

Ajoutons qu'Ophuls domine sa mise en scène dans *LE PLAISIR* comme, peut-être, jamais encore il ne l'a fait. La première séquence du *Masque* s'ouvre par un *travelling* d'accompagnement étourdissant, qui nous plonge d'entrée de jeu dans cette frénésie (infernale) du Plaisir. Quant à la *Maison* Tellier, nous n'y pénétrerons jamais, la caméra se bornant à serpenter autour de ses fenêtres, de l'extérieur, comme un lierre naturel[7]. La chaude luminosité de la photographie, le luxe admirablement nuancé des costumes (signés Georges Annenkov), l'ivresse provoquée par le rythme musical ne contribuent pas peu au charme, durable et poignant, qui se dégage de cette œuvre fascinante.

L'accueil fait au *PLAISIR* par le public, en dépit d'une distribution étincelante, fut inexplicablement réticent[8]. La critique fut également très sévère.

---

7. Le complexe décoratif, bâti à cette occasion par d'Eaubonne, comportant une multitude de petites mansardes, loggias, balcons, escaliers et arrière-salles, le tout minutieusement meublé et éclairé, représenta un travail de studio considérable.
8. Le film a fait par la suite une seconde carrière triomphale dans les salles d'art et d'essai parisiennes.

93

ci-dessus :
'' La maison Tellier ''
**avec Jean Gabin,
Madeleine Renaud,
Héléna Manson,
Paulette Dubost,
Danielle Darrieux,
Mila Parely,
Ginette Leclerc,**
(*de droite à gauche*)

ci-contre :
'' Le Modèle ''
**avec Simone Simon
et Daniel Gélin**

Page précédente :
'' Le Masque '',
**avec Gaby Morlay
et Claude Dauphin**

94

André Bazin lui-même estima que « Max Ophuls avait écrasé Maupassant sous le luxe fallacieux des détails, le fini du décor, la somptuosité de la photographie, le brio de l'interprétation... Les origines viennoises (?) du metteur en scène sont sensibles dans un certain penchant expressionniste qui alourdit l'image, et des détails incongrus comme le décor intérieur de la petite église, pleine d'angelots et de volutes échappés directement de quelque chapelle bavaroise[9] ». Il est surprenant que Bazin ait pu ignorer que des églises de ce type se rencontrent, non seulement en Bavière, mais aussi, précisément, en Normandie et dans le Pays Basque (Saint-Amand-les-Eaux, Bouin, Commana, Saint-Jean-de-Béré, etc.). Quant aux lourdeurs expressionnistes, il faut beaucoup de bonne volonté pour en dénicher dans une œuvre qui est, au contraire, la légèreté même, et dont la profondeur ne se révèle qu'à des visions successives. Il ne nous paraît pas nécessaire de faire un sort aux autres critiques portées à l'encontre de ce film, leur point commun étant une inculture assez affolante[10] ; enregistrons seulement la jolie définition de Jean-Luc Godard : *LE PLAISIR...* « c'est le romantisme allemand dans une porcelaine de Limoges. Et c'est aussi l'impressionnisme français dans un miroir de Vienne[11] ».

UN CŒUR MIS A NU

« Dans ce métier si morcelé où chacun a sa spécialité, et où un film est fait trop souvent de pièces et de morceaux, Ophuls est un des rares metteurs en scène à faire lui-même totalement son film », a déclaré une des collaboratrices d'Ophuls, Annette Wademant. Nous avons déjà eu des preuves flagrantes de cette assertion. *MADAME DE,* son avant-dernier film, adaptation très libre d'un récit de Louise de Vilmorin, nous en fournit une décisive. L'œuvre, malgré ses sources, est intégralement imputable à Max Ophuls. On peut, sans exagération, soutenir que nous nous trouvons ici — cas très rare au cinéma — en présence d'un enrichissement, par le septième art, de la *matière* romanesque elle-même. Le roman, écrit avec une grâce méchante et une sécheresse parfois artificielle, demeure un vaudeville mondain dont l'échelle topographique (et sentimentale) est à peu près celle de la *Carte du Tendre.* Si le point de départ reste le même dans le film (des bijoux perdus et retrouvés qui font le malheur d'une femme), le développement suit une tout autre

9. ″ *L'Observateur* ″, n°95.
10. Lire à ce propos le chapitre de Georges Annenkov, ″ Subtilité mal placée ″ (in ″ Max Ophuls ″, Ed. Le Terrain vague, pp. 52 à 55).
11. ″ *Cahiers du Cinéma* ″, op. cit.

courbe. Dans le roman, Madame de, qui a pris froid à un bal, meurt paisiblement en présence de son mari et de son amant réunis, et donne à chacun une de ses boucles d'oreilles, cause symbolique de tous ses malheurs : l'amant accroche l'une à son cou en souvenir, le mari dépose l'autre sur le corps sans vie de l'infidèle !

Certains critiques ont regretté qu'Ophuls se soit privé de cette fin « d'une grande poésie[12] ». Nous pensons au contraire que la séquence terminale du duel, qui fait irrésistiblement songer à *LIEBELEI,* est l'une des additions les plus justifiées du cinéaste. A partir de la deuxième moitié du film en effet, et grâce à des '' trahisons '' de cette sorte, l'œuvre cesse d'apparaître comme un vaudeville léger pour devenir une pure tragédie, une manière de '' Princesse de Clèves '' cinématographique. Ce n'est plus dans le XVIIe siècle précieux des salons, mais dans celui des grands classiques que nous évoluons (le *Elle meurt* de la fin évoque même Bossuet[13]). De simples pantins de comédie qu'ils étaient, les personnages acquièrent une noblesse sans équivoque. La gesticulation mondaine se transforme lentement chez eux en pur antagonisme d'âmes blessées. Le véritable sujet du film, c'est le cheminement douloureux d'une âme dans la voie d'une rédemption non pas à proprement parler spirituelle mais, ce qui n'est pas négligeable, sentimentale. Un cœur réapprend à battre : trop longtemps inanimé ou réduit à sa fonction d'ornement social, il en souffre et il en meurt.

Si le dialogue est la partie la moins convaincante du film[14], en revanche l'accompagnement musical s'avère remarquablement adapté à cet exhaussement du vaudeville au niveau du tragique : ce n'est d'abord qu'une valse virevoltante, puis l'on songe à la '' Symphonie des adieux '' de Haydn (séquence du bal, où le soliste impatient quitte l'orchestre prématurément et souffle sa bougie), enfin au '' Requiem '' de Mozart (derniers accords dans l'église vide). Notons en passant que la recherche subtile d'un certain synchronisme audiovisuel sera l'un des soucis majeurs d'Ophuls au cours de cette dernière période.

Avons-nous suffisamment marqué l'importance de cette œuvre, d'une gravité essentielle, où nous sommes personnellement tentés de voir la cristallisation la plus pure de la thématique ophulsienne ? Une seule chose est en ques-

12. Jacques Doniol-Valcroze, '' *L'Observateur* '', n°176.

13. La référence n'est pas de nous, mais de José Zendel, dans une excellente critique parue dans '' *Les Lettre françaises* '', n°483.

14. Il est dû, on le sait, à Marcel Achard. Force nous est de déplorer l'abondance déplacée de '' mots d'auteur '', par exemple : *Plutôt que de me séparer de cette rivière* [de diamants], *j'aimerais mieux me jeter à l'eau...* Heureusement, les répliques sont plus souvent noyées dans le mouvement (séquence de la douane) et quant à celle qui restent, il y en a, çà et là, de très belles : c'est le cas de la première *conversation sérieuse* entre Louise et son mari.

tion ici : *le bonheur*. Or il se confirme que le bonheur, ce ne peut être que le don absolu de soi-même. Il faut que craque ce vernis factice, il faut que les masques tombent, il faut que la fête s'arrête, que la valse s'immobilise et que les corps, devant l'aveuglante révélation de la sincérité retrouvée, laissent la place aux âmes, dans le tragique décor d'un parc glacé au petit matin. Que l'on ne nous accuse pas d'extrapoler. Ophuls semble ici faire *chavirer le monde* sous nos yeux ; il précipite son héroïne dans une chute vertigineuse, qui est morale aussi bien que physique, et nous impose cette conclusion logique et fulgurante : il n'est pour l'être humain de repos que dans la mort. Le plus exubérant des cinéastes, le plus turbulent des manieurs de caméra, le plus spirituel des hommes nous fait, au soir de sa vie, cette confidence bouleversante : tout comme Wolfgang, il n'est pas de jour où il n'ait pensé à la mort. L'œuvre entière de Max Op... ls apparaît ainsi comme un fiévrieux itinéraire vers le dépouillement.

Aussi le point culminant de *MADAME DE* est-il atteint dans ce plan sublime de Louise toute vêtue de noir (elle porte le deuil de la femme frivole qu'elle a été), errant sur une plage déserte, l'âme chargée d'un lourd secret et jamais aussi légère pourtant sous ses voiles... Quel cinéaste aura jamais touché au si frémissant, au si écorché, au si saignant de la féminité ?

ENTRE TERRE ET CIEL

L'histoire scandaleuse de Lola Montès, où pour lui donner son nom complet, de Maria Dolorès Porriz y Montez, comtesse de Lansfeld[15], est authentique et inspira nombre de biographies complaisantes. Pourquoi Max Ophuls a-t-il choisi le récit, passablement enjolivé, de Cécil Saint-Laurent, père de la trop fameuse '' Caroline chérie ''? En pleine vogue de la superproduction française à grand spectacle (du type *LUCRÈCE BORGIA* ou *MADAME DU BARRY*), n'était-ce pas aller au-devant de l'échec artistique — ou, ce qui revient au même, du succès commercial de mauvais aloi ? L'expérience a montré que, loin de se laisser prendre aux pièges d'un genre détestable par excellence et de faire '' du Christian-Jaque '' (fût-ce en mieux) Ophuls a réalisé un film '' maudit '', hors des sentiers battus, un film proprement *d'avant garde* (qui le demeure trente ans après) et qui en tout cas ne rapporta pas un sou !

« Le beau sujet d'orgueil ! » s'exclamèrent ceux que l'on appelle, d'un mot

---

15. En réalité Marie-Dolorès-Élisa-Rosanna Gilbert, née à Limerick, en Irlande, le 23 juin 1818. Sa prétendue ascendance espagnole est donc de pure fantaisie. Mais cela ne nous intéresse guère ici.

parfaitement adapté à leur fonction, les exploitants. *LOLA MONTÈS* fut, en effet, une œuvre inexploitable. Elle dérangeait par trop le conformisme béat d'un certain public. D'où le scandale. Le film avait coûté 670 millions. Il en rentra, péniblement, dans les caisses de la Gamma-Films, une centaine ; puis la firme déposa son bilan. Albert Caraco, producteur délégué, alla rejoindre la cohorte des Bentata, Nebenzahl, Harispuru et autres illustres victimes du génie ophulsien. Nous le disons sans ironie : s'enrichir aux dépens d'un artiste est trop souvent le fait de vils commerçants. Ceux qui, par malheur ou goût du risque, se brûlent les ailes à son contact sont, en revanche, réhabilités, avec éclat, par la postérité. Le phénomène dépasse le cadre du cinéma.

Quoi qu'il en soit, les spectateurs parisiens ne se contentèrent pas de déserter les salles d'exclusivité où l'on projetait le film : ceux qui s'y compromirent le sifflèrent, et la police dut même intervenir au cours de séances particulièrement houleuses[16], comme au beau temps de *L'AGE D'OR* et de *L'AFFAIRE EST DANS LE SAC.* Les critiques n'eurent pas la dent plus tendre « énorme pâtisserie viennoise fade et sans goût » (Max Favalelli), « produit de sous-préfecture pour sur-public » (Ado Kyrou), « action ésotérique et futile » (Louis Chauvet), « où rien n'accroche l'intérêt, rien n'émeut, rien ne passionne » (Jean de Baroncelli), etc.[17]. Mais la cause des chefs-d'œuvre se gagne en appel : pour commencer, sept cinéastes (au nombre desquels Rossellini, Becker, Astruc, Jacques Tati) prirent publiquement la défense d'Ophuls, désignant *LOLA MONTÈS,* avant tout comme « un acte de respect à l'égard du public, si souvent maltraité par des spectacles de niveau bas qui altèrent son gout et sa sensibilité[18] ». Mais surtout, avec le temps, l'importance de *LOLA* n'a fait que croître : les salles de répertoire et les cinés-clubs projettent aujourd'hui ce film dans l'enthousiasme, le public populaire (qui au fait, n'avait pas été consulté, la cabale ayant été mené par les snobs) le découvre ; quant aux historiens de cinéma, les plus lucides sont bien près de se rallier à l'opinion, nullement excessive, de Pierre Leprohon : « Le chef-d'œuvre de Max Ophuls. Un film étape vers la réalisation d'un cinéma total... L'une des œuvres les plus importantes des trente dernières années[19] ».

L'affaire, en vérité, était fort ambiguë. Là où les producteurs, et le public, s'attendaient à trouver « la vie de la femme la plus scandaleuse de tous les

16. Cf. '' *L'Express* '', 31 décembre 1955.
17. Lire à ce propos l'accablant '' *dossier de presse* '' rassemblé avec humour par Charles Bitsch in '' *Cahiers du Cinéma* '', n°55.
18. Déclaration publiée par '' *Le Figaro* '' du 5 janvier 1956.
19. '' Histoire du Cinéma '', t.II, p. 221 (Ed. du Cerf 1963). Signalons que Pierre Leprohon fut un des premiers historiens français à reconnaître et à proclamer l'importance d'Ophuls, auquel il consacra un excellent chapitre de ses '' Présences contemporaines Cinéma '' (Debresse, ed.)

Martine Carol dans *LOLA MONTÈS*,
ci-dessous avec Peter Ustinov,
ci-contre avec Paulette Dubost et Anton Walbrook

temps », une sorte de super-*Nana*, Ophuls se livrait à une dénonciation for-cenée, passionnée, de ce même attrait du scandale, éclaboussant les badauds de ce somptueux '' pavé dans la mare '' et leur faisant prendre impitoyable-ment conscience de leur propre sadisme. Le cinéma a fait de nous des voyeurs : *LOLA MONTÈS* c'est avant tout le cri d'alarme d'un artiste qui se refuse à admettre cette dégradation, c'est un essai de thérapeutique lyrique. La pompe spectaculaire s'y retourne contre elle-même, de même que dans *DIVINE* ou *LA RONDE* la peinture raffinée d'un monde en décadence devenait une stig-matisation virulente de celui-ci. Le véritable sujet de *LOLA MONTÈS,* c'est la démystification de la publicité, du scandale, de l'exhibitionnisme à tout prix qui caractérise notre époque. Ou plus douloureusement encore : le martyre d'une femme livrée aux jeux du cirque. Ophuls s'en est expliqué clairement dans un texte capital (*Il faut tuer la publicité*[20]) :

Dans les carrières modernes du spectacle, dit-il notamment, *la publicité joue un grand rôle : cette publicité que je méprise si fort, j'avais décidé de lui donner une place dans mon film. Les questions que le public du cirque pose à Lola m'ont été inspirées par les jeux radiophoniques d'émission publi-citaire follement impudiques. Je trouve effrayant ce vice de tout savoir, cet irrespect devant le mystère. Le cirque de Lola pourrait exister à Broadway, dont la devise semble être : vendre l'homme devant l'homme...*

Et d'évoquer les destinées lamentables de Judy Garland, de Diana Barry-more (il pourrait ajouter aujourd'hui celles de Marilyn Monroë ou de Jean Seberg)... C'est donc essentiellement sur ce thème de l'anéantissement de la personnalité, de la cruauté et de l'indécence des spectacles fondés sur le scan-dale qu'est construit *LOLA MONTÈS.*

On attendait une romance en mineur ? On eut un oratorio, « une cathé-drale entre terre et ciel... Lola au bûcher », selon le mot de Truffaut. La cour-tisane devenait une sainte, une nouvelle Blandine dans la fosse aux lions. Habi-leté suprême : Ophuls avait démantelé la chronologie normale de manière à insérer la vie de son héroïne dans les séquences du cirque, sur lesquelles s'ouvre et se ferme le film. D'où la richesse très subtile de l'œuvre, son aspect '' pirandellien '' (plus accusé que dans aucun autre des précédents films d'Ophuls) : nous assistons réellement à un second spectacle à l'intérieur du

---

20. '' *Arts* '', n° 549.

premier, à du cinéma à la puissance deux. On peut évoquer au passage le souvenir d'œuvres cinématographiques d'inspiration voisine : LE CARROSSE D'OR de Renoir, LES ENSORCELÉS de Minnelli, UNE ÉTOILE EST NÉE de Cukor, par exemple. Est-ce coïncidence si nous avons affaire, ici et là, à d'éclatantes réussites ? Peut-être simplement faut-il dire que tout grand cinéaste doit ainsi être amené, tôt ou tard, à remettre en question les fondements même de son art.

Par ailleurs, LOLA MONTÈS n'est pas '' une histoire racontée '' mais un poème, une succession d'états d'âme, un portrait de femme éclaté en plusieurs morceaux, ou encore (selon la juste définition de Dominique Delouche) une fresque baroque « à la manière des retables dédiés à des saintes, où le personnage en gloire est entouré de panneaux racontant sa légende[21] ». N'est-ce pas précisément cet éclatement qui fait la beauté profonde, et le tragique aussi du film ? « On distingue, écrit encore Delouche, dans un graphisme compliqué, un centre comme dans les figures changeantes des cristaux de givre. Comme eux, Lola a plusieurs formes, plusieurs visages, sous les feux diaprés du cirque, qui s'inscrivent autour d'elle comme une couronne. Chaque retour en arrière est une branche de l'étoile ».

Pour la première fois de sa carrière, Ophuls employait la couleur et le cinémascope. De ce côté-ci également, il opéra une petite révolution. Il utilisa la couleur tantôt à des fins *psychologiques* (dominantes rouge ou bleue selon l'état d'âme de Lola), tantôt *plastiques* (chaque retour en arrière correspondant à une saison, de sorte que l'on a une séquence '' automnale '' en jaune et ocre, une séquence '' printanière '' en bleu parme, etc.). A aucun moment en tout cas la couleur n'est *réaliste*, et pour bien marquer son dédain de la conception (antiesthétique par définition) des couleurs '' naturelles '', Ophuls alla jusqu'à faire repeindre, sur plusieurs kilomètres, les routes et les arbres, et couvrir de tulle transparent les maisons ! « Jamais peut-être personne n'alla plus loin dans ce sens », estime Jean Béranger dans son étude sur '' La couleur à l'écran[22] ''. Quant au cinémascope, il devint (par l'effet de caches placés devant l'objectif) une sorte d'écran variable. Ophuls se refusait là encore à appliquer les recettes en vigueur et innovait prodigieusement : chaque plan devenait un atelier de merveilles.

Il faudrait dire encore, si l'on voulait ne fût-ce qu'esquisser une analyse attentive de ce film aux richesses innombrables, l'audace du dialogue, utili-

21. '' *Télé-Ciné* '', n°55-56.
22. '' *Crapouillot* '', n°60 (avril 1963).

taire, voire escamoté, par exemple : *Dire qu'en ce moment il y a des violettes au bois de Meudon* !, ou bien : *Tu as entendu, elle a dit peut-être*, phrases banales, quotidiennes, prises dans le mouvement de la vie, qui contrastent avec la somptuosité du contexte. A la limite, Ophuls n'hésite pas à utiliser une '' mauvaise prise '' (le roi se cognant dans les coulisses du théâtre) pour donner plus de relief à une scène ou caractériser spectaculairement un personnage. Audace de la musique : Lola ramassant un à un les morceaux de partition déchirés par Liszt, chant des douze perfections... Audace enfin dans la direction d'acteurs : Walbrook, Ustinov, Oscar Werner et même Martine Carol sont admirables.

Bref, le chapiteau du « Mammouth Circus », c'est un peu le plafond de la chapelle Sixtine du cinéma moderne. Ophuls est parvenu à rassembler, en un feu d'artifice grandiose, tout son univers, tous ses thèmes, tout son passé, et le pressentiment de sa mort même : *Au mois de mars*, dit à Lola Louis de Bavière à l'instant de leur séparation, *j'aurais eu soixante-deux ans* ; réplique énigmatique, mais l'on ne peut s'empêcher de remarquer qu'Ophuls allait dire adieu à la vie précisément un mois de mars. Rappelons quelques ultimes motifs de cette tapisserie fabuleuse : la cage de Lola, qui l'accompagne partout dans ses voyages, symbole de son emprisonnement futur, et qui s'identifie un moment à une immense volière ; l'internationalisme des intrigues, retraçant le chemin parcouru par *l'oiseau migrateur* : les promenades dans la neige en Bavière, si semblables à celles d'autrefois. *LOLA MONTÈS* est encore une multiplication vertigineuse du cinéma par lui-même, un film situé dans quelque quatrième dimension, celle des chefs-d'œuvre éternels. C'est enfin la méditation la plus lucide qui soit sur les *puissances trompeuses* de notre '' meilleur des mondes ''.

Laissons à Jacques Audiberti le soin de conclure :

« Je cède au stupéfiant vertige du chef-d'œuvre.

Dans les vapeurs du cirque, l'illusion, la prestidigitation, la magie et la poésie offrent en bouleversante sincérité les bouillonnements et les miroitements d'une matière première. Ce film prodigieux évoque par ses fastes complexes les Plaisirs de l'Ile enchantée, encercle aussi bien le temps de Barnum que celui de Molière et de Max Ophuls[23] ».

Tous les mensonges de l'art rassemblés pour proclamer que la Vérité seule est reine.

23. '' *Cahiers du Cinéma* '' n° 56.

page suivante : Max Ophuls et George Annenkov
sur le plateau du *PLAISIR*

5. Le style et l'homme

Qu'allais-tu donc chercher à travers l'incendie
Derrière des vapeurs à la splendeur baroque ?
ANDRE PIEYRE DE MANDIARGUES.

Nous ne prétendons donner, dans cette dernière partie, que quelques clefs très sommaires pour pénétrer un peu plus avant l'art et la pensée de Max Ophuls. Au lecteur de prolonger, s'il le désire, ces reflexions récapitulatives en se souvenant des multiples horizons entrevus au cours du périple ophulsien que nous venons d'accomplir en sa compagnie[1]. Le recours aux œuvres, plutôt qu'aux idées générales, reste à nos yeux, et de loin, la meilleure formule.

Un point est acquis, en tout cas, à l'issue de cette longue pérégrination : l'œuvre d'Ophuls ne s'est pas faite en un jour. *LE PLAISIR* et *LOLA MONTÈS* par exemple, films auxquels se limite volontiers l'intérêt des critiques, sont des points d'aboutissement, non des créations spontanées. Des chapelles rayonnantes d'un édifice complexe dont *LIEBELEI* serait la clé de voûte. Notre effort n'aura pas été tout à fait vain si le lecteur s'est astreint à voir ce monument s'édifier sous ses yeux, en a suivi les courbes savantes, les replis les plus sinueux, les culs-de-sac aussi, avant de se retrouver, ravi, dans le flamboiement des richesses dernières. Et sa réaction devrait être celle qui fut la nôtre à l'origine : que tous les historiens du film, ou presque, nous aient caché longtemps, avec un bel ensemble, cette merveilleuse architecture, voilà qui ne laisse pas de surprendre, voire de scandaliser. Se peut-il qu'un tel créateur soit resté, jusqu'à la veille de sa mort, aussi honteusement méconnu ?

Peu de cinéastes, en vérité, ont fait l'objet, de la part des critiques et des pseudo-spécialistes, d'un tel acharnement et d'une méconnaissance si constante. « Petit maître égaré dans des entreprises trop ambitieuses pour ses moyens »... auteur « d'une œuvre toute en fioritures et effets superficiels, dévorée par des recherches stylistiques que les années réduisent à néant » et dominée par un net penchant pour la « badinerie », le « morbide » et « une lourdeur de style germanique » — telles sont les moindres des sentences à

---

1. Il pourra aussi se référer aux nombreuses études publiées ces dernières années sur l'art d'Ophuls dans la presse internationale, que nous avons recensées dans notre Bibliographie.

l'emporte-pièce édictées çà et là par nos aristarques. Il y a à cette ténacité dans l'incompréhension plusieurs raisons évidentes, quoique inavouées. Pour les uns, c'est (qu'ils l'admettent ou non) l'appartenance du metteur en scène au '' clan '' israélite du cinéma français[2] ; pour d'autres, son dédain de certaines appartenances syndicales ou formules d' '' engagement '' idéologique à la petite semaine, obligatoires si l'on ne tient pas à être inscrit sur les listes noires (la liberté dans cette industrie est une fantaisie qui se paie fort cher) ; pour d'autres encore, son goût du luxe, l'indépendance de ses méthodes, la fraîcheur de son inspiration, qui lui permettaient de planer très au-dessus des catégories mesquines des studios, mais lui valaient aussi des jalousies tenaces ; enfin, l'impossibilité où l'on se trouve d'enfermer Max Ophuls dans un cadre national restreint, une terminologie cinématographique toute faite. « Max Ophuls, écrit très justement Georges Annenkov, ne cherchait que des formes d'expressions susceptibles de montrer ses visions sur l'écran de la façon la plus efficace. Les films d'Ophuls sont ophulsiens, et c'est tout. Cela dépayse les esprits classeurs[3] ». La seule méthode concevable en ce qui concerne l'approche de son œuvre est celle que François Truffaut appelait *la politique des auteurs*. Mais il paraît que cette formule est, elle aussi, passée de mode. Gageons pourtant que Max Ophuls s'en satisferait encore.

Le mot qui revient le plus souvent sous la plume des commentateurs quand ils cherchent à définir le style d'Ophuls est celui de *baroque*. Mais que de confusions revêt ce qualificatif ! Pour un Français, le style baroque s'identifie assez volontiers à sa forme la plus décadente : le rococo 1900. Et tel qui ne voit chez Ophuls qu'un retour nostalgique aux draperies d'alcôve de la Belle Epoque, a tôt fait de l'enterrer sous le vocable péjoratif de '' baroque '', c'est-à-dire d'anachronique et de désuet. Baroques aussi, ou plutôt saugrenues, extravagantes, estime-t-on ses conceptions du scénario et jusqu'à celles (pourtant plus élastiques) du retour en arrière, qu'il complique à l'extrême ; du décor, bourré d'objets hétéroclites, de caches sans signification visible, de lierre, de cloisons, de mobilier pour le moins encombrants ; de la mise en scène enfin, adoptant systématiquement comme étalon non le champ-contre-champ, mais le travelling. Combien est-on en droit de préférer, à cet enchevêtrement où les acteurs s'empêtrent autant que le public, l'impeccable rigueur classique, sans surprise ni surcharge, d'un René Clair !

---

2. Cf. l'ouvrage de Lucien Rebatet, '' Les tribus du cinéma ''.
3. *Op. cit.*, p. 106. Dans ces '' esprits classeurs '', nous rangerions volontiers un historien tel que Charles Ford, qui nous reproche nos « *élucubrations* » concernant Ophuls ('' Histoire du Cinéma français contemporain ''. Ed. France-Empire 1977, p. 106).

Baroque, Max Ophuls l'est sans doute, mais au sens le plus noble du terme. Empruntons à Arthur Hübscher sa définition : « Le baroque est la forme d'un sentiment contrasté de la vie ». A l'équilibre et à la froide raison classiques l'architecture baroque substitue une inquiétude fondamentale et la surenchère de l'imagination. De la vie, ne nous est offerte qu'une vision tumultueuse, d'une fantaisie jamais en repos ; et de la mort, non pas une méditation sereine, mais un angoissant vertige. Eugenio d'Ors insiste d'autre part sur la prédilection de l'art baroque pour les formes les plus rudimentaires de la vie, les aspects de la nature proches du règne végétal, ainsi que sur ses affinités rurales et paysannes : « Sève qui jaillit, vie qui éclate, le tout en perpétuelle liberté et suivant sa propre loi[4]... » (Evoquons au passage le provincial rhénan Max Ophuls et l'amoureux de la nature qu'il fut toujours). Victor Tapié rassemble ces diverses conceptions en définissant le baroque par « le mouvement, l'éclat, la luxuriance des formes, la profusion des dorures, le refus presque général de la ligne droite[5] ». Cet art qui n'est en rien une altération ou une dégénérescence du classicisme nous a légué entre autres chefs-d'œuvre la '' Transverbération de Sainte Thérèse '' et le Louis XIV à la crinière de flamme du Bernin, le baldaquin de Saint-Pierre de Rome, la fontaine des Fleuves de la place Navone et les '' Fêtes de l'île enchantée ''. Un peintre tel que Gustave Moreau, un écrivain contemporain tel qu'André Pieyre de Mandiargues peuvent être rattachés à cette tradition. Nous ne nous opposons pas à ce que l'on trouve des prolongements de ce '' baroque éternel '' dans l'œuvre de Max Ophuls (pourvu qu'on sache les combiner avec d'autres influences essentielles), non plus que, par exemple, dans celles d'un Sternberg, d'un Orson Welles ou d'un Fellini[6].

LA REALITE ET SON REFLET

L'un des accessoires baroques le plus typiquement ophulsien est sans contredit *l'escalier* ; pas le plus petit de ses films qui n'en comporte un, quand ce n'est pas un dédale inextricable[7]. Rappelons celui de l'appartement du baron dans *LIEBELEI,* avec son énorme lion sculpté, gueule et griffes ouvertes, surplombant le visiteur indésirable de sa masse inquiétante ; l'escalier

---

4. '' Du Baroque '' (Gallimard, éd.).
5. '' Baroque et classicisme '', p. 21 (Plon, éd.).
6. Cf. '' Baroque et cinéma '' ('' *Études cinématographiques* '' printemps 1960) et le livre de Pierre Pitiot '' Cinéma de mort, esquisse d'un baroque cinématographique '', qui consacrent une large place à Max Ophuls.
7. « Dans la vie même, raconte sa secrétaire Ulla de Colstoun, Ophuls adorait les escaliers. Jamais dans les hôtels, il n'utilisait l'ascenseur pour descendre : toujours l'escalier !... »('' *Cinéma 57* '' n°18).

semi-circulaire de *LA SIGNORA DI TUTTI*, où est précipitée l'épouse infirme et qui devient le lieu même du remords pour l'héroïne ; celui où se tient Charlotte en prière, dans l'émouvante séquence finale de *WERTHER* ; celui de la plage où s'affrontent les " désemparés ", dont la rampe fragile est à l'origine du drame, et son homologue à l'intérieur de la villa, sur lequel se ferme le film ; laissons enfin à la découverte du spectateur attentif ceux, apparents ou dérobés, de *LA RONDE, MADAME DE* et *LOLA MONTÈS,* avec une mention particulière pour celui gravi (en caméra subjective) par Simone Simon à la fin du *PLAISIR.* On observera que certains de ces escaliers sont à vis ou en colimaçon : gardons-nous cependant d'extrapoler abusivement et de voir dans cette obsession de la spirale une référence à « l'image même de l'évolution selon Teilhard de Chardin[8] » !. Disons simplement que l'escalier est pour Ophuls un lieu cinématographique privilégié, comme il fut déjà lieu théâtral dans ses mises en scène d'Allemagne[9], propice aux fuites, aux élans, aux explications embarrassées et aux affrontements instables si conformes à sa vision du monde et à sa propre expérience de la vie. L'escalier d'ailleurs ne serait rien sans les barreaux qui le délimitent et qui enserrent les personnages dans leur insidieux entrelacs.

Après l'escalier, *les miroirs.* Jeux de glaces qui entrecroisent et multiplient les couples dansants de *LIEBELEI ;* rétroviseur indiscret de *LA FIANCEE VENDUE,* qui trahit le tête-à-tête des amoureux dans le jardin ; ovale du médaillon vénitien, orné d'un candélabre, dans la chambre des amants de *YOSHIWARA ;* plafond réfléchissant du lit à baldaquin de *LA RONDE,* etc. N'y cherchons pas le symbolisme d'essence littéraire qu'y mettait un Cocteau, mais seulement un surcroît de pudeur de la part d'un cinéaste pour qui la réalité est moins belle à saisir que son reflet.

Troisième objet caractéristique de cet univers : *la cage*, mystérieux trait d'union des jeux d'enfants et des jeux du cirque. C'est cet objet familier qui intrigue la " tendre ennemie " en visite chez son dompteur, lequel mourra, du reste, dévoré vif dans une cage à fauves ; c'est le jouet qu'Edwige Feuillère offre à son fils dans *SANS LENDEMAIN ;* c'est encore une cage dont nous voyons l'ombre se profiler sur le mur de l'appartement de Daniel Gélin dans *LA RONDE,* et c'est elle que Lola emportera fidèlement dans ses voyages : image réduite du chariot grillagé où le mépris public forcera à s'exhiber la courtisane, et à une échelle plus vaste, de l'univers cellulaire duquel l'être vivant ne peut s'échapper. Selon le mot fameux de Gœthe, qu'Ophuls applique

---

8. Claude-Maire Trémois, note sur *MADAME DE* (" *Télérama* " n°620.)
9. Reinhardt, Jessner et , en France, Firmin Gémier utilisèrent également de façon systématique l'escalier dans leurs mises en scène.

Simone Berriau
dans *DIVINE*

Simone Simon
dans *LE PLAISIR*

Ophuls l'oiseleur.
LOLA MONTÈS, **avec Martine Carol et Peter Ustinov**

à la lettre, *tout art demande un espace clos*. Or, nous sommes accoutumés à concevoir un huis clos fait de quatre murs nus ; celui que façonne sous nos yeux, à travers ses films, Max Ophuls l'oiseleur ressemble davantage à une cage encombrée d'objets hétéroclites et merveilleux.

Parlerons-nous encore de ces rideaux, de ces cloisons transparentes, de ces lustres, de ces girandoles et de tous ces objets parfois invisibles qu'Ophuls aimait à introduire dans ses films avec un brin de fétichisme, voire de superstition[10] ? Ce qui compte bien davantage, à notre avis, est de noter comment ces objets ne font, en définitive, que renvoyer aux personnages, au moment même où l'on pourrait craindre qu'ils ne les dissimulent à nos yeux. Disons, en d'autres termes, que si chez Ophuls l'objet, extérieurement parlant, a plus de valeur représentative que la personne, il ne prend cependant de sens que par rapport à elle. Expliquons-nous en évoquant une séquence clef de *LA RONDE*. Gélin, qui vient d'avoir la révélation de l'amour avec Simone Simon, entend renouveler l'expérience, sur un plan social plus élevé, avec la femme du monde Danielle Darrieux. L'une lui a offert un verre d'eau, l'autre lui demande à boire ; à cette dernière il croit plus séant d'offrir une liqueur digne de son rang. Aussi allons-nous le voir s'efforcer de transvaser une bouteille de champagne vulgaire dans une carafe de cristal au goulot ouvragé. Pendant ce temps-là, le jeu du désir pour l'amante riche se décidera entre une ottomane, un bouton de porte, deux voilettes, trois marches d'escalier et deux oreillers sur un lit... Nous comprendra-t-on à demi-mot si nous disons que les objets ici comptent plus, par la dérision et l'ambiguïté même qu'ils recèlent, que le dialogue ou le jeu des acteurs, et qu'ils *expriment* pourtant le comportement des protagonistes mieux que ne pourrait le faire un long commentaire ? Le cinéaste se joue des objets à la manière d'un étalagiste inspiré : il les poétise, les charge de signification, leur confère une existence propre, un attrait incisif, une nuance grinçante ou pathétique. Réciproquement, il tend à réduire la personne à l'état de marionnette. C'est dans ce double mouvement de subjectivisme de l'objet et d'objectivation de la personne que nous paraît résider l'essentiel de la stylisation baroque telle que la conçoit Ophuls.

On voit combien l'on aurait tort de juger l'œuvre sur sa configuration extérieure, celle-ci étant trompeuse par définition. Ce serait prendre l'accessoire pour l'essentiel, le cadre pour la toile. Car sous la luxuriance désordonnée des motifs court le tracé en pointillé d'une rigoureuse ligne mélodique ; sous

---

10. Notons à ce propos l'importance accordée aux nombres 7 et 13 dans ses derniers films, et d'une façon générale la croyance au '' destin '' chez tous ses personnages. L'humour, toutefois, vient souvent à la traverse.

l'apparente lourdeur des structures concrètes, étincelle, comme un diamant dans sa gangue, la pureté glacée de l'abstraction. Oui, « c'est bien de dépouillement qu'il faut parler ici ; non de la richesse du trait, mais de la pureté d'une ligne nue continue, tendue ; non de la guirlande mais de l'inflexion hautaine de l'arc ; non de l'ingéniosité mais de la précision jamais démentie de l'idée que l'auteur a conçue de son œuvre et qu'il mène à son achèvement[11] ». Du reste, cette symphonie baroque d'un monde en décomposition n'implique, avons-nous déjà dit, pas la moindre complaisance. Ophuls peint un monde en tumulte, mais qui aspire à l'immobilité ; un monde en proie à l'ivresse des puissances trompeuses, mais qui tend à l'ordre et à la raison régulatrice ; un monde de cartons et de faux cils, mais que le bon goût de son inventeur condamne dans l'instant même où il les crée. Nihilisme ? Non, certes. Mais tout se passe comme si la splendeur baroque du monde se trouvait à la fois anéantie et sublimée par la raison du créateur. Par le recours paradoxal mais nécessaire au *classicisme*.

Classique, Ophuls l'est, nous l'avons vu, du fait de sa culture et des meilleures influences reçues. Il l'est plus encore de par son refus du solennel, du grandiloquent, de l'emphase (quoi qu'on en ait dit, jamais il n'a cédé aux prestiges frelatés du grand spectacle), et corrélativement, par sa sensibilité profondément *critique*. C'est en effet à une réflexion critique à *l'intérieur même* des œuvres qu'il se livre, et convie le spectateur : cette manière de '' distanciation '' (sûrement pas brechtienne, *ophulsienne* tout simplement) le tient aussi éloigné des poncifs de l'opérette que de ceux, par exemple, du film historique (DE MAYERLING À SARAJEVO), de l'idylle romantique (WERTHER), du naturalisme (LE PLAISIR) ou du mélodrame bourgeois (LES DÉSEMPARÉS). Sa méthode, son unique méthode, assez voisine après tout de celle des grands écrivains, « consiste à prendre de l'extérieur, par le style et la poétique comme par un filet, une pêche de vérités dont il ne soupçonnait pas lui-même la présence, et à utiliser jusqu'à l'extrême les dispositions naturelles d'une culture et d'un langage à modeler, dès que le talent les caresse, la réalité morale[12] ».

'' Fusion du poétique et du critique '', tel nous paraît être le nœud de l'architectonique ophulsienne. Ophuls n'est pas le poète romantique débordé par ses visions et entraîné dans le torrent des sentiments nobles dont il a ouvert les écluses ; il n'est pas davantage le classique desséché qui contemple son

---

11. Philippe Demonsablon, '' *Cahiers du Cinéma* '', n°55.
12. Jean Giraudoux, '' Littérature '', p. 31.

œuvre de loin sans jamais s'y intégrer. Il est le créateur installé au centre même de sa création, tel le meneur de jeu au centre de *LA RONDE,* et qui la regarde s'ébattre d'un œil attendri et malicieux. Il participe à sa fièvre, mais c'est pour n'y puiser que de nouvelles forces ; à ses paroxysmes, mais en demeurant parfaitement lucide ; à son mystère, dont il est le seul à détenir le chiffre secret. Par delà le dilemme baroque-classicisme, résolu sans effort, nous débouchons sur une conception révolutionnaire, dont bien peu ont compris la leçon, d'un authentique *humanisme* moderne.

UNE STYLISTIQUE DE LA MOBILITE

Il est courant, d'autre part, d'entendre taxer Ophuls d'esthétisme vide, de formalisme gratuit. Il ne serait qu'un virtuose génial, étouffant toute sincérité dans la technique. Or, que dit Ophuls ?

Je crois que la fin de toute technique est de se laisser surmonter. On devrait la dominer si bien qu'elle serve seulement à l'expression, qu'elle devienne transparente, qu'au-delà de la reproduction de la réalité elle soit l'instrument de la pensée, du jeu, de l'enchantement, du rêve[13].

Est-ce là le langage d'un technicien ?

Mais voyons l'argument d'un peu plus près. Prenons par exemple cette obsession du *travelling*, ou du panoramique-travelling, qui frappe le spectateur le moins prévenu en présence de n'importe quel film d'Ophuls. Au montage court qui prévaut au cinéma depuis Eisenstein, Ophuls substitue, en effet, une stylistique de la mobilité[14]. Il n'intègre pas ses personnages dans un cadre fixe, selon des lois relevant de la plastique picturale, il les laisse vivre devant son objectif, *agir* comme sur une scène de théâtre, et les accompagne dans leur trajectoire, colle à eux comme leur ombre. De là une multiplication prodigieuse de travellings ou, quand il le peut, de mouvements à la grue. De là aussi certaines difficultés quasi insurmontables de réalisation, et les trésors d'ingéniosité qu'ont dû déployer ses techniciens pour libérer en quelque sorte sa caméra des lois de la pesanteur. Or donc, si cette caméra, « espiègle comme pas deux, et qui ne tient jamais en place » (*dixit* Max Favalelli), danse, vire-

13. '' L'art trouve toujours ses voies '', '' *Cahiers du Cinéma* '', n°55.

14. Il n'est pas le seul. Renoir, Rossellini et à leur suite toute une génération de '' jeunes '' ont fait le même choix. Murnau, Mizoguchi, Sirk et quelques autres grands cinéastes n'ont jamais procédé autrement.

James Mason et Joan Bennett dans *LES DÉSEMPARÉS* **(1949)**

volte, tournicote inlassablement autour des acteurs et avec eux, croit-on que ce soit, si j'ose ainsi m'exprimer, " pour le plaisir "? Non, et nous dirons même plutôt que son mouvement est dirigé *contre* le plaisir. Si Ophuls nous étourdit ainsi de valses ininterrompues, c'est pour mieux nous en montrer la vanité profonde ; s'il pousse dans ses derniers retranchements l'ivresse de la trépidation, c'est pour la nier ; s'il inocule à ses héros une telle frénésie ambulatoire, c'est pour nous persuader que la seule réalité est dans le repos et le silence. Au reste, que l'on observe attentivement les travellings d'Ophuls, et l'on s'apercevra qu'un travelling avant par exemple est presque aussitôt neutralisé par un travelling arrière, ou un travelling latéral de droite à gauche annulé par son contraire de gauche à droite. C'est ainsi que dans *SANS LENDEMAIN* la caméra se faufile par la fenêtre de la chambre des deux amants dans leur petite maison de Fontainebleau et ressort par le même chemin (le mur du studio s'entrouvrant au moment opportun pour lui livrer passage). Dans *LES DÉSEMPARÉS,* James Mason traverse dans les deux sens le drugstore à la recherche d'un jeton de téléphone pour reprendre sa conversation interrompue ; même effet, décuplé par le luxe de la mise en scène, dans la séquence de l'aiguille et du fil de *LOLA MONTÈS.* Le mouvement en arrive ainsi à se nier paradoxalement lui-même, comme dans la philosophie des Eléates. Le comble de la virtuosité est sans doute atteint dans ce plan de *LA RONDE* où nous voyons le couple Gélin-Darrieux valser sur le manège, en sens contraire du mouvement giratoire imprimé à celui-ci[15]. La subtile imbrication des deux cercles aboutit à une sorte d'équilibre retrouvé, de sérénité amoureuse un instant entrevue. Le même effet peut être obtenu par une structure concentrique : Lola exhibée sur le tourniquet du cirque, pendant qu'autour d'elle défilent en sens opposé les images déformées de sa vie passée. Cette savante " géométrie dans l'espace " est une des grandes trouvailles poétiques d'Ophuls.

En dernière analyse, l'on aboutit à ce que nous appellerions volontiers une transcendance des données spectaculaires. De même qu'Ophuls nie le mouvement par un autre mouvement, ou la réalité du temps présent par l'invasion du souvenir, de même il met en évidence l'ambiguïté foncière de la notion de spectacle en introduisant souvent un deuxième spectacle à l'intérieur du premier. C'est, du *STUDIO AMOUREUX* à *LOLA MONTÈS* en passant par *LA SIGNORA DI TUTTI* et *LA RONDE,* à un cinéma au *second degré* qu'il nous convie. Preuve d'un art adulte qui, loin de se laisser prendre à ses propres

---

15. Le couple danse en réalité sur un petit tourniquet isolé distinct du carrousel, donnant ainsi la sensation d'un certain recul par rapport aux convives figés sur le manège. Le mouvement circulaire de ce tourniquet est l'inverse de celui du carrousel.

pièges — d'exhibitionnisme et de corruption spectaculaire — les dénonce au moment même où il paraît les affirmer le plus hautement. La fascination qu'exerce sur le créateur l'art de la mise en scène porte ainsi en elle-même son propre renoncement, et se délivre de ses excès dans un mouvement dialectique d'auto-destruction. Le plus stupéfiant de l'affaire est que la pureté de l'écriture cinématographique, loin de se trouver entachée par ces continuels jeux de bascule, n'en demeure jusqu'au bout que plus étincelante.

LA DIRECTION D'ACTEURS

Et l'acteur ? demandera-t-on. Que devient-il dans cette symphonie visuelle aux mouvements complexes et entrelacés ? Loin d'être sacrifié, comme on pourrait le croire, il s'y trouve au contraire à sa place : la première. Tout, à vrai dire, s'organise autour de lui et pour lui.

Si la direction d'acteurs se reconnaît non seulement à la mainmise qu'un cinéaste parvient à exercer, au tournage, sur ses interprètes, mais encore à l'admiration que ceux-ci, longtemps après le film terminé, lui conservent, alors celle de Max Ophuls pourra être considérée comme exemplaire. Tous ses acteurs et surtout ses actrices, interrogés, lui vouent un culte exclusif. Danielle Darrieux ne se connaît pas de plus beau rôle que celui de Madame de, Paulette Dubost a tourné cent trente films, mais n'en veut retenir que quatre (deux sont d'Ophuls, les deux autres de Renoir), quant à Martine Carol elle eut l'intelligence d'avouer (à son corps défendant, car le film ne lui porta guère chance !) que nul personnage ne l'avait autant « marquée » que celui de Lola. Si Gabin avait eu cette intelligence, il aurait oublié nombre de ses apparitions sur l'écran pour son étonnante composition de paysan normand du *PLAISIR*. Quant aux thuriféraires de Gérard Philipe, n'auraient-ils pas le plus grand intérêt à négliger un peu *FANFAN LA TULIPE* ou *L'IDIOT* et à aller revoir *LA RONDE* ?

Ce sens proprement inné de la direction d'acteurs, on peut l'expliquer de plusieurs manières : par le fait qu'Ophuls rêva longtemps lui-même de devenir acteur et ne cessa pour ainsi dire jamais de jouer la comédie, tant au studio qu'à la ville, étant toujours « de service », comme dit Friedrich Luft[16]. S'il ne pouvait pas jouer la scène, du moins possédait-il à merveille le don de se faire comprendre, « l'art de dire, de montrer, d'expliquer ce qu'il désirait[17] ». On pourra aussi... ne rien expliquer du tout, et parler de *mira-*

16. Préface à '' Spiel im Dasein '', p. 7.
17. Friedrich Luft, *op. cit.*, p. 14.

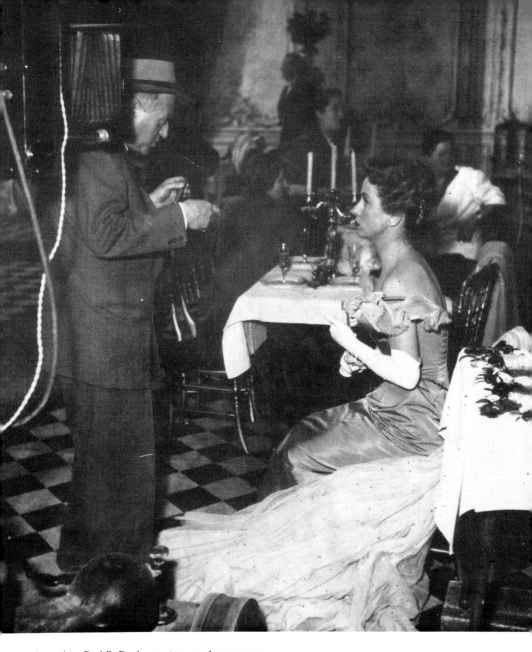

Avec Danielle Darrieux au tournage de *MADAME DE*

Page précédente : Odette Joyeux et Jean-Louis Barrault dans *LA RONDE*

cle. Jean-Luc Godard peut ainsi écrire : « Ophuls est un cinéaste qui joue avec la difficulté et gagne à chaque coup de dé, abolissant le hasard mallarméen. Exemple, la scène [dans *LE PLAISIR*] où Daniel Gélin dit à Simone Simon : *J'adore te regarder marcher, te regarder t'asseoir, te regarder manger des sardines, chacun en effet de tes mouvements est merveilleux.* Et il se trouve en effet que les mouvements de Simone Simon dirigée par Ophuls sont extraordinaires. Voilà le cinéma ! Faire tourner une femme ravissante et faire dire à son partenaire : « Vous êtes ravissante ». Quoi de plus simple[18] ». Nous dirons, plus sérieusement, que Max Ophuls, avant d'être directeur d'acteurs, était un *créateur de personnages*, tous subtilement particularisés, ne cédant jamais aux facilités de l'archétype. La moindre silhouette de ses films faisait l'objet, de sa part, de soins constants — et, pour ceux de la dernière période (les plus réussis sous ce rapport), de l'apport inappréciable de son costumier favori Annenkov, auquel il demandait plus que d' '' habiller '' ses acteurs : de les révéler à eux-mêmes. Et puis, l'acteur avait sa place, parfaitement définie, au millimètre près, dans le complexe décoratif et humain de l'œuvre, il faisait partie intégrante d'une savante architecture, que rien ne devait déranger. Cela pouvait aller, il est vrai, jusqu'à l'immobilité, voire l'insensibilité ; ou, inversement, donner lieu à de véritables courses de fond qui, après le tournage, laissaient l'interprète moulu ! Technique souvent asservissante, ramenant volontiers l'acteur à l'état de masque, de pantin. L'acteur sous le règne d'Ophuls, écrit spirituellement Peter Ustinov, « était souvent réduit à ne se déplacer que sur la pointe des pieds, tel un moine cloîtré, osant à peine respirer de peur d'arracher par son souffle quelque précieuse toile d'araignée au symbolisme essentiel[19] ».

Bien entendu, ce dernier trait n'implique nullement, chez Ophuls, mépris de l'acteur. L'auteur de *LA RONDE* adorait au contraire l'acteur, dans la mesure où celui-ci participait de ce '' monde du spectacle '' qui le fascinait (et dont il ne se considérait lui-même que comme un humble servant). Il lui rend en somme sa place de choix : celle d'élément de l'orchestre, qu'il dirige de sa baguette aérienne. Lorsque celle-ci, qui est en outre une baguette magique, le touche, l'acteur rayonne de tout son éclat.

MAX OPHULS MORALISTE

S'il est des cinéastes que ne choque point, au contraire, le brevet à eux décerné de métaphysicien ou de moraliste, assurément Ophuls est de ceux

---

18. « Le cinéma, disait de même Jean George Auriol (qui fut un des collaborateurs d'Ophuls), est l'art de faire faire de jolies choses à de jolies femmes ». C'est tout de même un peu plus compliqué que cela.
19. '' *Cahiers du Cinéma* '', n°81.

qui se fussent gaussés d'une telle étiquette. La franchise et la limpidité de son rire, l'expression sans dissimulation de la joie ou de la tristesse qui fait la force principale de ses films, et leur irrésistible séduction, son souci primordial de *plaire* à tous sans arrière-pensée, sont pour nous autant de remords à l'instant de traduire en termes discursifs le discret message moral qui soustend et rehausse la magie visuelle de cette œuvre.

Moraliste, Ophuls l'est pourtant au plus haut degré, ne fût-ce qu'en tant que peintre de la femme et apôtre d'une certaine reconversion moderne de la psychologie féminine. Le sujet n°1 des films d'Ophuls, à n'en pas douter, est : la femme. Plus précisément : la femme *amoureuse*. Et plus précisément encore : la femme *malheureuse en amour*. Quel autre cinéaste a su peindre, avec un tel sens des nuances, et un goût aussi sûr, la femme dans la vie sociale, et cela en débordant le cadre rigide de la vie contemporaine pour la situer dans un contexte historique éternel ? L'objection d'anachronisme nous semble devoir être définitivement écartée, si l'on veut bien admettre qu'une certaine morale est valable pour tous les lieux et tous les temps, que le contexte en soit le XVIIe siècle précieux de la Carte du Tendre, l'aristocratie décadente des '' Liaisons '', le réveil bourgeois de la Restauration chez Balzac, la monarchie de Juillet de '' L'Education sentimentale '' ou enfin les lambris fin de siècle vus par Max Ophuls. La femme y est la même partout, à cette réserve près que sa promotion au bonheur — avec les risques et périls qu'elle comporte — est affirmée par ce dernier sans tricherie d'aucune sorte, comme étant sa seule raison d'être ici-bas.

Ophuls peint le plus souvent la femme *victime* d'un certain engrenage sentimental ou social dans lequel elle étouffe, instrument du plaisir de l'homme, de la stupidité de la foule ou de sa propre frivolité. Ce thème apparaît déjà, sous le voile de la farce, dans LA FIANCÉE '' VENDUE '' et accède d'emblée au tragique avec LIEBELEI : Christine est précipitée dans la mort à la suite de son amant parce qu'elle est incapable de jouer le jeu d'une société corrompue. Le mariage sera pour certaines (de Charlotte à Lucia Harper, de l'héroïne de CAUGHT à Madame de) un refuge, mais qui s'avérera vite illusoire. Epouse-t-on jamais qui l'on aime ? Nous ne sommes pas loin des couples déchirés de Strindberg. A l'autre pôle il y a la femme-objet, la prostituée : Kohana dans YOSHIWARA, Simone Signoret dans LA RONDE, et toutes celles de la maison Tellier. Aucune ne se résigne à sombrer dans le bourbier où l'égoïsme de l'homme les a plongées. Mais le caractère de femme le plus nuancé et le plus riche de prolongements que nous propose cette œuvre est, sans contredit, Madame de : elle aussi est prise au piège des passions, oiseau qui se croyait volage et se découvre tout à coup captif, masque mondain qui

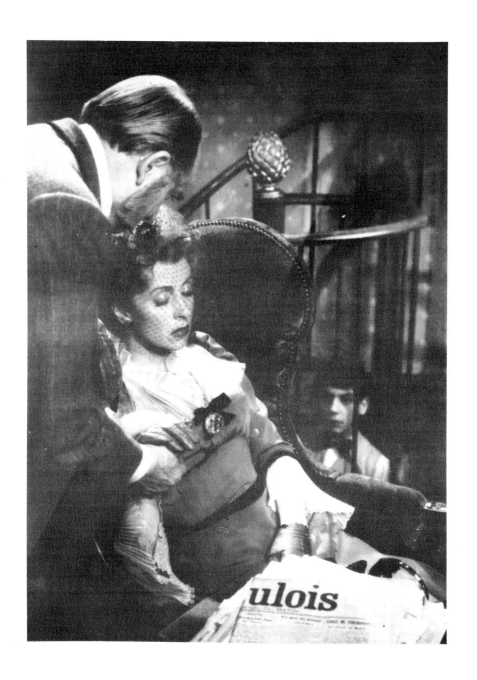

recèle une âme inquiète, corps d'apparat où le cœur va exercer ses terribles ravages. Quant à *LOLA MONTÈS*, il faut l'envisager comme un plaidoyer virulent dans lequel Ophuls « démonte le mécanisme du spectacle moderne qui fait de la femme une idole à scandale et lui refuse toute humanité, toute réaction sensible : la femme exposée, jetée en pâture aux désirs de tous, contre sa volonté. A travers l'histoire de Lola Montès, femme fatale selon la légende, c'est en fait tout le procès du comportement masculin qui fut ouvert[20] ».

A la critique du plaisir et de ses séquelles fait contrepoids la description toujours recommencée de la recherche du bonheur. Bonheur qui n'est peut-être entrevu par la femme que sous l'apparence du retour à la terre (*DIVINE*), de l'immersion dans la pureté naturelle *(LE PLAISIR)*, de l'*amour dans un pays neuf (LOLA MONTÈS)* et surtout de la nostalgie d'une revalorisation des sentiments *(MADAME DE)*. Bonheur en tout cas dont la quête passionnée doit se lire en filigrane de tous les films d'Ophuls : aspiration à l'absolu, soif d'un au-delà qui transcende la misère humaine, appel ému à une autre tendresse... Tout cela, redisons-le, à peine esquissé, effleuré, sans vaine rhétorique. Ophuls moraliste n'étouffe pas la voix d'Ophuls poète. Et si l'un nous arrache parfois des larmes, l'autre vient aussitôt les sécher par son inaltérable sourire.

Notons enfin que le personnage féminin le plus typiquement ophulsien, celui qui aurait permis à notre auteur de rééditer le mot de Flaubert « Madame Bovary, c'est moi », eût sans doute été, si on lui avait permis de réaliser un projet qui lui tenait à cœur, la danseuse Isadora Duncan. Celle qui implanta en Europe une conception entièrement neuve de la danse (qui était aussi une conception de la vie) et mourut dans des circonstances particulièrement atroces, fascina incontestablement Max Ophuls. Entre la '' süsse Mädel '' des bluettes romantiques et la femme forte qui étonne le monde par ses exploits, entre la jeune fille pure et la courtisane émancipée, entre l'esclave et la maîtresse, le cœur d'Ophuls ne cessa de balancer mystérieusement — voire, peut-être, douloureusement[21].

Reste à cerner celui que — avouons-le sans ambages au terme de cette étude — nous avons personnellement très peu connu : *l'homme* Ophuls. C'est le domaine réservé où nous nous garderons bien d'entrer en conquérant. Le

20. Jacques Siclier, *op. cit.* p. 152.
21. Sur le thème de la femme dans l'œuvre d'Ophuls, on se référera utilement à l'excellent article de Jacques Fieschi, '' La femme aux cigarettes '', in '' *Cinématographe* '', décembre 1977.

portrait que son fils nous a tracé, au cours de conversations à bâtons rompus dont nous ne pourrons malheureusement restituer que des bribes, semble être, d'assez loin, le plus ressemblant qui ait jamais été esquissé. Aussi nous retrancherons-nous derrière ce témoignage capital :

« Mon père apparaissait tout d'abord comme un joyeux drille, un clown presque. C'est qu'il estimait qu'une certaine nonchalance, une façade enjouée sont des formes de la courtoisie. Pour rien au monde il n'aurait étalé en public ses peines ni ses rancœurs. Cela dit, il était tout le contraire d'un homme frivole... Il était, en fait, extrêmement tourmenté, angoissé.

L'échec commercial de ses films le peinait énormément ; non qu'il se crût martyrisé par le public, il était trop rompu à la tradition du spectacle pour cela (d'un métier qui, à ses yeux, rejoignait la tradition du cirque) et il n'aurait jamais fait reproche au public d'un insuccès : il pensait qu'il s'agissait d'un malentendu, voilà tout. Ce qu'il aimait, lui, il n'y avait pas de raison que le public ne l'aimât pas.

Son respect du public était absolu. Aussi se refusait-il à tout compromis. Entendons-nous : il était capable de profiter des opportunités, de faire tous les compromis dans l'ordre des moyens, mais jamais dans les fins. Il rejetait aussi bien le cinéma commercial que le cinéma d'avant-garde,... d'instinct. Le public seul, je le répète, était son juge. Son métier, c'était cela : *plaire au public* !

Comme tous les gens qui sont très drôles dans la vie de société (et sa drôlerie était d'une précision, d'une lucidité extraordinaires), c'était au fond un homme extrêmement grave... aux préoccupations surtout morales, anxieux, voire pessimiste. Il disait, et je crois que c'était là le fond de son attitude envers la vie, que le pessimisme averti qui peut se surmonter lui-même et déboucher sur la gaieté est la seule attitude adulte que l'on peut avoir dans l'existence.

En tout état de cause, il aimait bien ne pas trop dévoiler ses cartes. C'est d'ailleurs pourquoi il ne se révoltait pas contre le fait qu'on le prît pour un metteur en scène frivole... Il en était même assez content !

Enfin, vous savez qu'il était du signe du Taureau : sa vitalité était incroyable (il ne dormait presque pas), sa vigueur peu commune. Il ne vivait pas, il n'agissait pas, il *fonçait*... »

Nous n'avons pas la prétention d'en découvrir davantage. Max Ophuls n'a rien à gagner à être décortiqué par les jeux trompeurs de l'intellectualisme. Son plus beau titre de gloire n'est-il pas la profession qu'il s'est choisie, et qu'il a merveilleusement honorée : d'être, avant toute chose, un *marchand de plaisir* ?

Le 26 mars 1957, dans une clinique de Hambourg, Max Ophuls est mort. Sur sa table de chevet, un livre : '' Faust '', de Gœthe, ouvert à la page de la conversation avec Wagner : « Regarde comme les toits entourés de verdure étincellent aux rayons du soleil couchant. Il se penche et s'éteint, le jour expire, mais il va porter autre part une nouvelle vie ».

Au tournage de *LOLA MONTÈS*. **Le dernier film.**

Max Ophuls est mort, mais son œuvre demeure et continue de passionner de nouvelles générations de cinéphiles. Une récente réédition de *LOLA MON-TÈS,* dans les circuits français d'art et d'essai, a largement racheté l'échec de la première sortie, vérifiant le propos tenu alors par le cinéaste à son collaborateur Jacques Natanson : *Je prendrai ma revanche dans vingt ans, dans les ciné-clubs.* Le nom de Max Ophuls a été associé à un prix, décerné par la ville de Nantes, et qui a récompensé des œuvres aussi diverses que *LES DÉSARROIS DE L'ÉLÈVE TOERLESS, PRIMA DELLA RIVOLUZIONE, LES DEMOISELLES DE ROCHEFORT* (Sarrebruck, ville natale du réalisateur, a pris ensuite le relais). La '' Nouvelle Vague '' des années soixante lui a rendu un hommage constant, sous forme de '' citations '' ou de dédicaces éparses dans des films signés François Truffaut, Jean-Luc Godard, Jacques Demy, Dominique Delouche, etc... Un palmarès établi en 1965 par les '' *Cahiers du Cinéma* '', visant à désigner les meilleurs films français depuis la fin de la guerre, a classé *LOLA MONTÈS* au tout premier rang (devant des œuvres majeures de Renoir, Becker, Resnais, Bresson et d'autres), et *LE PLAISIR* dans le peloton de tête. Dans l'œuvre américaine d'Ophuls, *LETTRE D'UNE INCONNUE* a connu également une réévaluation triomphale.

Mais surtout, le nom d'Ophuls se perpétue directement en la personne de son fils Marcel. Dans un autre registre, avec un contenu plus '' moderne '', une technique renouvelée, mais une maîtrise comparable du '' matériau '' cinématographique, celui-ci a réalisé deux films qui comptent parmi les plus importants de la décennie : *LE CHAGRIN ET LA PITIÉ* et *THE MEMORY OF JUSTICE* (ce dernier encore inédit en France à ce jour). Ce n'est pas ici le lieu d'analyser ces œuvres, ni l'inspiration particulière qui les a guidées. Mais il nous paraît que le flambeau a été admirablement transmis, si l'on se réfère à cette conclusion (que nous ferons nôtre) prononcée dans une Université américaine par Marcel Ophuls, et qui sonne comme l'écho d'une conversation entre un artiste et un autre artiste : « Je dois trouver de nouveaux liens, plonger la main dans mon sac à malices et dire au public : '' Une minute, s'il vous plaît, il va falloir trouver autre chose '' (...) Je ne serai peut-être jamais aussi clair et aussi simple que tu le souhaites. Mais laisse-moi ma chance et je t'étonnerai peut-être. Et alors tout ce que tu auras à faire, ce sera de communiquer à ton tour au public ce sentiment de surprise, ce sentiment d'avoir appris un petit quelque chose. Tu es payé pour cela, non ? Et y a-t-il un moyen plus simple de gagner sa vie ? »

LE CINEMA SELON MAX OPHULS

Textes et propos

La majeure partie des textes qui suivent est extraite de la collection des " *Cahiers du Cinéma* " : nous avons puisé dans presque tous les textes d'Ophuls publiés dans cette revue depuis 1954 : " Nouvelle Eve et Vénus de Milo " (n°42), " Hollywood, petite île " (n°54), " L'art trouve toujours ses voies " (texte traduit par Eric Rohmer, n°55), Entretien avec Jacques Rivette et François Truffaut (n°72), " Mon expérience " (traduction de Claire Fisher, n°81), " Souvenirs " (traduction de "Spiel im dasein " par Max Roth, n°123 et 128). Deux autres de nos textes proviennent d'interviews parues dans la presse hebdomadaire : par Benjamin Fainsilber (" *Cinémonde* " du 19 décembre 1935) et François Truffaut (" *Arts* " du 4 janvier 1956). Nous avons repris également un des propos à l'emporte-pièce que rapporte, dans son livre (page 17), Georges Annenkov. Quant à la belle " profession de foi " épinglée en exergue, nos l'avons cueillie dans " *L'Express* " (du 31 décembre 1955, rapportée par Michel Gall).

C.B.

L'IMAGE.

Dire que j'ai abandonné le théâtre pour le cinéma uniquement parce que je me passionnais pour le côté " parlant ", et voilà que dès mon premier film ce côté-là ne m'intéressait plus du tout ! Je ne m'occupais plus que de l'image. La caméra, ce nouveau moyen d'expression dont je disposais pour la première fois, me détournait irrésistiblement de la parole, à peu près comme une jeune maîtresse détourne l'homme marié de sa femme. Une maîtresse que j'aimais à la folie.

LE REGARD.

Je crois aux auteurs et non à la nationalité des films. Il n'y a pas plus de films américains que de films français. Le cinéma est un métier surprenant par la faculté qu'il a d'égaliser les conditions humaines.

Il s'agit même, selon moi, d'une égalité de regard : les hommes de caméra ont le même regard à Rome qu'à Hollywood ou à Paris, la même manière d'être dans la vie. Tous les tireurs ont la même expression et les gens de cinéma sont des tireurs d'images.

LES DÉTAILS.

Les détails, les détails, les détails ! Les plus insignifiants, les plus inaperçus parmi eux sont souvent les plus évocateurs, caractéristiques et même décisifs. Les détails justes, un astucieux petit rien, font l'art. Un mouchoir déchiré, la coupe d'une moustache ou un geste de la main peuvent en dire plus qu'une

Je veux faire des films vus du centre de l'homme.
Si vous voulez voir autre chose,
allez au musée Grévin.

MAX OPHULS.

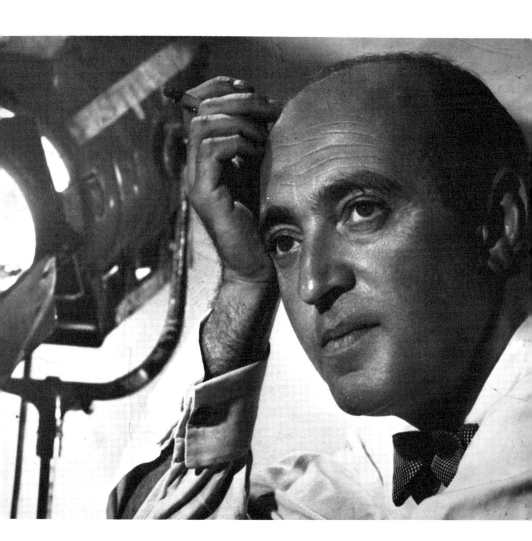

page entière de texte ; une sonnerie lointaine de clairon peut remplacer le défilé d'un régiment d'infanterie ; un zigzag inattendu du travelling peut exprimer le drame plus violemment qu'un long dialogue...

LES ACTEURS.

Au cours de ma carrière, j'ai dirigé des acteurs et des actrices en allemand, français, italien et hollandais. J'ai pu ainsi me rendre compte que les acteurs, comme nous tous, diffèrent entre eux selon le tempérament national — et à mon sens, cette diversité est riche en beautés passionnantes. J'aime par exemple les acteurs allemands, parce qu'ils approfondissent leur création avec un fanatisme presque mystique. J'aime les acteurs français parce qu'ils jouent avec leurs nerfs, qu'ils ne négligent pas la moindre impulsion psychologique. J'aime les acteurs italiens, parce qu'ils donnent libre cours à leur tempérament. Et j'aime les acteurs hollandais, parce qu'ils sont gais et spontanés, qu'ils apportent à leur jeu la netteté méticuleuse des intérieurs hollandais. Ce qui me permet de formuler une généralisation qui, j'en suis certain, ne peut être erronée : j'aime tous les acteurs.

LA TECHNIQUE.

Je ne suis pas l'adversaire des nouveautés techniques, mais pas, non plus, leur porte-drapeau. On demandait à Fritz Kreisler ce qu'il pensait de la télévision. Il répondit à peu près : « Lorsqu'on inventa le phonographe, j'étais contre la radio ; parce que je suis un homme de progrès, je suis maintenant contre la télévision ».

Les anciennes inventions, je les trouve, en revanche, pleines de charme, poétiques. J'aime à Paris, dans les cages d'escalier parcimonieusement éclairées, les vieux ascenseurs hydrauliques. Le plus souvent ils sont hors de service et leur existence a seulement la signification d'un geste courtois, mais, quand ils fonctionnent, il se passe un beau moment, jusqu'à ce que la chose en question vous arrive en bruissant du sixième étage...

Peut-être fais-je partie de ces gens qui, dans la course contre les victoires de la machine, ont besoin de temps pour reprendre haleine. Il y a une chose, au moins, que je sais.

Dans le cinéma, une vie entière est nécessaire pour s'y connaître en noir et blanc, avoir la machinerie si bien en main qu'on soit avec elle à tu et à toi, qu'on puisse tout *exiger* d'elle, sans se laisser *imposer* par elle. Je crois que la fin de toute technique est de se laisser surmonter. On devrait la domi-

ner si bien qu'elle serve seulement à l'expression, qu'elle devienne transparente, qu'au-delà de la reproduction de la réalité, elle soit l'instrument de la pensée, du jeu, de l'enchantement, du rêve.

LA CENSURE

Je ne suis pas contre la censure. On devrait établir une censure qui défende tout ce qu'il faut défendre contre la vulgarité, la banalité, la cruauté. Cette même censure devrait permettre toute liberté, si cette liberté sert à exprimer l'humanité, la beauté, la sensibilité. La Vénus de Milo et la Nouvelle Eve sont toutes deux nues. A l'organisme de censure de percevoir la différence.

LA PUBLICITÉ.

Il faut tuer la publicité, c'est la tâche la plus urgente. En cinquante années le cinéma a changé de physionomie : il est devenu sonore, coloré, en relief ; l'écran s'est élargi, les vedettes, les auteurs, les producteurs et les techniciens se sont renouvelés, mais la publicité est restée ce qu'elle était lorsque le cinématographe était un spectacle forain. Cette publicité qui, avec les mêmes slogans, promet invariablement les mêmes choses, ne correspond ni aux goûts du public ni aux intentions des auteurs. Elle ne satisfait que celui qui la commande et celui qui l'exécute ; d'un bureau des Champs-Élysées au bureau d'en face se congratulent ces deux personnages par-dessus la tête du public qui se trouve ainsi bafoué, déçu, trompé dans son attente et, en fin de compte, volé.

LA PATIENCE ESTHÉTIQUE.

Les gens voient trop de films. En Amérique, on commence à douze ans, on en voit jusqu'à vingt ans et on devient un consommateur. Les consommateurs voient un film comme ils ont une cigarette à la bouche : ils ne savent plus s'ils fument, ils la gardent en parlant.

Il y a quelques jours, j'ai vu SI TOUS LES GARS DU MONDE : vers la fin, le bateau rentre au port, le bateau sur lequel toute l'histoire s'est déroulée. Dans le port, les gens attendent, voient le bateau, l'acclament ; la musique monte, et le public se lève, n'attend pas le dernier plan : voilà la preuve que ce sont des consommateurs. Entrez dans un concert : même monsieur Beethoven fait dix fois pam, pam, pam-pam... pam, pam, pam, pam, pam paam...paaam... Personne ne se lève. Tandis que les consommateurs... Je me mêle à eux et j'écoute : eh bien, je m'aperçois que vous [les critiques] faites votre métier pour rien parce qu'ils le font beaucoup mieux et beaucoup plus vite surtout ! Cela commence à la première marche de l'escalier :

« Eh bien, au milieu de cette histoire, tu sais, au moment où... alors, moi, j'ai cru que... et l'autre... » Et ils commencent à décomposer ce qu'ils ont vu. Ce ne sont plus des individus prêts à recevoir, ce ne sont que des gens qui viennent et consomment, et détruisent ce qu'ils viennent de consommer. Comme cela va vite ! De leur fauteuil à la porte d'en bas, ils ont discuté de tout, tout est fini. Ils n'en reparlent plus jamais.

De ma vie je n'oublierai cette foule qui se lève : ce n'est pas parce que le film ne les a pas pris, au contraire. Mais ils n'ont plus aucune patience esthétique.

LE VÉRITABLE BUT DE L'ARTISTE.

Je crois que le véritable but de l'artiste, c'est de nous donner, du monde, une vision nouvelle. Tous les sujets, au fond, arrivent à se ressembler. C'est la vision personnelle que nous avons d'un milieu ou d'un être, c'est la forme que nous leur communiquons qui les différencient... Un auteur a le droit de se tromper. Il n'a pas le droit de ne pas *essayer*. Si l'on veut qu'un art, quel qu'il soit, conserve intérêt et vitalité, il faut chercher... chercher... chercher sans arrêt !

LA POÉSIE.

Il y a un courant qui porte le navire de notre vie, un immense bateau sur lequel comédiens et metteurs en scène donnent un spectacle. Ce n'est pas un courant électrique, ni atomique, mais sur ses rives habitent les poètes. C'est le courant de l'imagination. Il coule à travers tous les arts et si, de temps en temps, il mouillait un peu le cinéma, nous devrions en éprouver de la joie et du contentement. C'est Musset, je crois, qui a dit : « Celui qui abuse de son intelligence pour arrêter le cours de l'imagination aurait mieux fait de naître stupide ». Empêcher ce courant de tarir, c'est notre devoir à nous, gens de cinéma, le courant de la poésie qui était avant nous, qui est autour de nous et qui naîtra demain.

Outre ces réflexions, pour la plupart en style parlé, rapportées par les divers interlocuteurs du cinéaste, et dont la fragmentation ne nous semble pas avoir trop altéré la portée (il y manque, hélas ! l'inflexion si particulière de la voix, « son accent, son enthousiasme, l'originalité de son éloquence », dont parle quelque part François Truffaut), Max Ophuls n'a cessé de se livrer à des considérations théoriques, dépassant largement le cadre de sa propre '' expérience '', sur l'art du cinéma. Mais au lieu de sombrer dans l'esthétisme fumeux, il sut toujours se maintenir dans un humour et une discrétion de bon aloi. Les deux études, en forme d'autocritique, qu'on va lire, sont des modèles d'analyse fine et nuancée, valables encore pour longtemps et pour tous. La première fut rédigée par Ophuls en allemand, dans sa propriété de Chevreuse, en 1953. La seconde est parue dans la '' *Deutsche Zeitung* '' du 12 juin 1954.

Le cinéma est au service de la poésie.

Quand j'ai vu pour la première fois de ma vie un film, j'avais quatre ans. C'était à Worms, sur le Rhin. Des gens s'entassaient, debout, sous une tente de foire, mon grand-père me tenait par la main et je voyais sur l'écran un homme démesuré, avec plein de cheveux dans la figure. Il se précipitait à une allure folle vers une table à écrire, et arrivé là se saisissait d'un encrier. Il regardait à droite et à gauche pour être certain que personne ne l'observe, puis il avalait le contenu de l'encrier. Là-dessus, il devenait bleu, tout bleu, de la tête aux pieds... C'était la fin du film.

Les gens riaient. J'étais étonné — car je m'éveillais comme d'un rêve — que mon grand-père me tînt encore la main. J'avais vraiment éprouvé une sensation merveilleuse[1].

Beaucoup plus tard, je me trouvais à Paris, vers ma trentième année. Le ministre français des Affaires étrangères, Jean-Louis Barthou, venait d'être brutalement assassiné à Marseille, lors de la visite du roi de Yougoslavie[2]. Quarante-huit heures après l'événement, on pouvait voir l'attentat aux actualités. Une automobile amorçait un tournant, dans la rue pleine d'une foule en liesse. Chacun, dans la salle, se disait : maintenant, le coup va partir... Tandis que Barthou continuait à rouler, grand, bien bâti, devant la caméra, assis aux côtés du roi, levant son chapeau, adressant au public un large sourire, joyeux, aimable, chacun dans la salle se disait : maintenant, il est déjà mort...

C'était le cinéma considéré comme expression d'une vérité vécue, du destin.

Le cinéma, en tant que jeu dramatique, devient un art lorsqu'il conjugue intimement ces deux aspects : merveilleux et destin. Aussi suis-je toujours heureux quand j'ai la possibilité de porter à l'écran une œuvre poétique. Je m'explique.

Je viens du Théâtre, du théâtre provincial allemand plus précisément (c'est à Elberfeld-Barmen que j'ai réglé pour la première fois une mise en scène[3]), et mon dévouement sans relâche à l'égard de la littérature est enfoncé en moi jusqu'à la moelle. *LIEBELEI* d'après Schnitzler (en Allemagne), *WERTHER* d'après Gœthe (en France), *LETTRE D'UNE INCONNUE* d'après Stefan Zweig (aux U.S.A.), *LE PLAISIR* d'après Maupassant (en France), tous ces films

---

1. L'entretien accordé par Ophuls aux "*Cahiers du Cinéma*" s'ouvre par la même anecdote, rapportée presque dans les mêmes termes. *Ce film*, précise Ophuls à ses interlocuteurs, *m'avait énormément impressionné parce qu'il était, surtout pour un enfant, totalement féérique et invraisemblable.*
2. Octobre 1934 : Ophuls avait alors trente-deux ans.
3. En réalité, à Dortmund (cf. théâtrographie).

représentent pour moi une sorte de délégation internationale au service de la poésie [*eine Art internationaler Dienst am Dichter*]. De tels films, je dois le dire, ont été entrepris par moi avec beaucoup plus de confiance que ceux dont l'étoffe était '' sur mesure '', inventée et fabriquée de toutes pièces pour l'industrie du cinéma.

Un de mes amis sortit un jour sa vieille mère, à l'occasion de je ne sais quel anniversaire. Il l'emmena dans un restaurant, se fit apporter la carte et dit : « Je t'en prie, choisis quelque chose ». Devant un tel étalage de luxe, la brave femme ne parvenait pas à se décider. Son fils insista : « Imagine un instant que tu doives mourir dans une demi-heure. On te dirait : ce qu'il y a de meilleur, vous aurez encore le temps de le manger sur cette terre, choisissez-le. C'est ce meilleur que je veux t'offrir. Allons, que désires-tu, petite mère ? Regarde attentivement la carte... eh bien ? » Et la mère dit simplement : « Quelque chose de tout préparé ».

Je suis du côté de la mère.

En Allemagne, tout particulièrement, nous avons un stock inépuisable de '' tout préparé '', de Kleist à Zuckmayer, depuis Gœthe et Schiller jusqu'à Erich Kästner et Bert Brecht. Pourquoi diable les plus influents de nos producteurs ont-ils cherché à tout prix à fabriquer du neuf, toutes ces sonneries patriotiques et ces tombeaux païens dans lesquels ils vont finir par enterrer le goût d'un public qu'ils ont gravement mésestimé ?

Pour ma part, si je dresse mon bilan, je crois bien n'avoir jamais entrepris un film avec un système bien solide, ni un style bien défini. Je me laisse porter, autant qu'il est possible et aussi longtemps que cela me fait plaisir, par mon '' tout préparé '', par mon point de départ littéraire (plus d'une fois, à vrai dire, il me laisse tomber !) ; et puis j'essaie d'amener mes collaborateurs, lesquels à la longue finissent par me connaître, à une conception rapprochée de la mienne : non que je veuille la leur faire partager absolument, simplement de manière à procéder à un échange de vues général. C'est ensuite vraiment que nous vivons tous ensemble une période bien sympathique, commençant avec l'ébauche du scénario et ne s'arrêtant qu'au laboratoire. Et je dois dire qu'à Paris tout cela est singulièrement excitant. Car je rencontre ici beaucoup de sensibilité, et fort peu de prétention. L'un de mes collaborateurs me confiait récemment : Ah ! quelle existence pénible j'aurais eue si je m'étais mis dans la tête que j'avais un '' message '' ou que je devais poser pour la postérité !

Eh bien ! je crois, fermement, que lorsqu'on s'attelle à la réalisation d'un film, on ne doit pas davantage s'imaginer que l'on va réaliser à tout coup le grand chef-d'œuvre. Je crois que l'on doit s'efforcer seulement de donner le meilleur de soi, et que c'est en se fiant au '' merveilleux '' et au '' destin '', c'est-à-dire en fin de compte à tout ce que nous proposent déjà les poètes qui nous ont précédés, qu'on y parvient avec le minimum d'effort, le plus simplement du monde.

Chevreuse, 5 septembre 1953.

La joie de voir

La genèse d'un film est une énigme. Ecrire là-dessus ne me plaît guère, car tenter d'expliquer ce qui relève du mystère de la création risque d'en altérer la beauté. C'est donc sans prétendre résoudre ce problème insoluble — et passionnant — que j'y ai réfléchi, ce matin, en me rasant.

L'argument, le sujet d'un film ne commencent à exister pour moi que lorsque je puis me les '' représenter '' par une succession d'images. Ce qui ne se produit pas si souvent. Les prétextes pourtant ne manquent pas : nouvelle, pièce de théâtre, poème. Le point de départ peut encore être une expérience personnelle, ou une anecdote qu'un tiers me rapporte ; cela peut aussi bien germer dans mon imagination, m'être suggéré par une musique ou par la contemplation d'un tableau. Le début d'une '' vision '' est partout et nulle part.

Un point toutefois m'apparaît sûr : on ne devrait point être persuadé d'avoir trouvé le sujet d'un film avant de sentir que cette suite d'images qu'il évoque en nous tient solidement sur ses bases, et d'éprouver le désir pour ainsi dire *physique* de le porter à l'écran.

Je ne suis ni écrivain ni poète, mais j'ai le sentiment que l'un comme l'autre s'accrochent à un mot, un vers, une suite de scènes exactement de la même manière que l'auteur d'un film à une séquence d'images. Les grands hommes de notre métier dépassent, dans leurs meilleurs moments, le cadre de l'action et des dialogues et parviennent à la création d'une '' ambiance '' autonome, encore jamais atteinte, à mon sens, dans aucune autre forme d'art : une sorte de '' haute tension '' [*spannung*] dans l'atmosphère de l'image, et la succession de ces images. Cela peut avoir la même force, dégager la même beauté, provoquer la même excitation que cette magie verbale des maîtres du théâtre, quand l'action s'arrête, que la logique est jetée par-dessus bord et par-dessus la rampe, et qu'alors seuls la résonance et le rythme des mots envahissent et enthousiasment le spectateur conquis. Mais de même qu'au théâtre, éclairage, décor et autres accessoires ont à se subordonner au texte, de même dans un film le texte, la technique, l'enchaînement logique doivent venir *après* l'image — celle-ci s'avérant, au cinéma, porteuse de vérité artistique et recélant en elle-même d'innombrables merveilles.

Voilà que je viens de me couper avec mon rasoir. Peut-être me suis-je trop laissé aller en privilégiant l'image. Mais où irions-nous, nous autres gens d'images, si nous n'avions pas le droit de nous laisser aller ? Si la démesure de mon imagination a pour seul résultat d'exalter une joie purement visuelle, elle ne sera pas tout à fait vaine. Car cette joie, ce *plaisir* doivent être l'impulsion décisive qui conduit à l'idée du film. Si ce plaisir est pur, fort, stable et sans cesse renaissant, alors oui, il peut donner naissance à un bon sujet de film. Celui qui est capable de faire naître en lui, authentiquement, ce plaisir, celui-là est un '' voyant '', je veux dire un auteur de films.

Il est vrai que la plupart, bien souvent, ne voient ni avec leur cœur ni avec leurs yeux mais seulement avec leurs objectifs. Ce sont des auteurs de scénario, ou plutôt des '' assistants de production ''. Ils apportent à notre industrie des pièces de rechange, mais ils ne rénovent pas le moteur. Il y a aussi les '' voyants '' qui ont vécu autrefois, et dont je pense qu'ils auraient écrit pour le cinéma, si cela avait été possible à leur époque : par exemple Maupassant et Stendhal.

Nous qui cherchons une solution, de quel côté nous tourner ? Plus d'une fois, à l'occasion de crises aiguës, on a eu l'impression que le cinéma allait mourir, qu'il était acculé à une impasse. Mourrait-il de sa belle mort, avant d'avoir fait ses preuves ? Serait-il devenu un instrument dont plus personne ne saurait jouer ? Reviendra-t-on à lui quelque jour, comme à un orgue aux nombreux et étranges tuyaux, qui n'avait laissé passer que trop rarement le souffle d'une musique ?

Comme cela m'est arrivé d'autres fois, je viens de mettre en ordre quelques notes rassemblées autour d'un même thème, que je '' vois '' et qui me tient à cœur. Depuis trois jours, je les ai transmises à la maison de production, en leur demandant de me téléphoner pour me dire ce qu'ils en pensent. Mais jusqu'à présent personne ne m'a appelé.

Peut-être aurais-je mieux fait de ne pas me raser ce matin...

POINTS DE VUE

La plupart des témoignages qu'on va lire ont été enregistrés au magnétophone, ou ont fait l'objet de lettres personnelles à l'auteur. Seuls, ceux de Benjamin Fainsilber, Walter Kiaulehn et Peter Ustinov ont déjà été publiés, respectivement dans '' Cinémonde '' (1936), '' Münchner Merkur '' (1955) et '' Sight and Sound '' (1957) : nous remercions vivement ces revues de nous avoir autorisé à en reproduire des extraits.

Nous nous sommes efforcé, d'autre part, de respecter la diversité des collaborations et, autant que possible, des époques et des nationalités que traversa Max Ophuls. Ainsi la parole sera-t-elle donnée successivement à un directeur de production, un scénariste, un décorateur, des assistants, des interprètes.   **C.B.**

RALPH BAUM

Max, désordre et génie.

Je faisais, en quelque sorte, partie de sa famille. Lorsqu'il est mort, j'ai pleuré comme un enfant... Pendant plusieurs jours, je n'ai voulu voir personne. Ophuls était (on peut bien le dire aujourd'hui) un génie. Personne n'a pu l'imiter, ni même l'égaler.

Et pourtant, de nombreux producteurs ne voulaient pas entendre parler de lui. Avec Ophuls, disaient-ils, c'est l'échec commercial assuré. Je ne cessais, en ce qui me concerne, de plaider sa cause auprès d'eux, ce qui n'était pas toujours commode ! Pour *LOLA* par exemple : je nous revois discutant tous deux autour du Fouquet's, jusqu'à deux et trois heures du matin, et moi disant à Max (il n'avait pas tourné depuis deux ans, il était impatient de s'y remettre) : *Maintenant, il faut absolument que nous fassions un film commercial, pas trop cher, que l'on puisse tourner en six, sept semaines...—- D'accord*, me répondit-il. *Parfaitement d'accord. Pourvu que nous trouvions un bon sujet... N'importe quoi. Je serai sage...* Le lendemain, Caraco m'appelle et me demande de lui conseiller quelqu'un en remplacement de Jacques Tourneur, indisponible pour tourner *LOLA MONTÈS*. Je donne aussitôt le nom d'Ophuls, ce qui suscite les tollés que vous imaginez. Je tiens bon, et réussis à l'imposer. Ils acceptent... Sur quoi, je pars pour l'Allemagne avec Duvivier[1], laissant Max à la préparation de son découpage. Quand je revins... le film, tel qu'il l'avait conçu, nécessitait au bas mot un investisse-

---

1. Ralph Baum était directeur de production pour *MARIANNE DE MA JEUNESSE*.

ment de 400 millions ! J'essaie de le raisonner, rien à faire. *En ce cas*, lui dis-je, *faisons-le en Cinémascope.* D'abord, il refuse. Le format lui paraît anti-commercial, contraire à la règle du '' nombre d'or ''. J'insiste. *Bon*, dit-il enfin, *avec cinq millions de mieux, on va essayer...* Il remanie le découpage, invente l'écran variable... et le devis, du coup, atteint 600 millions !

Peut-être a-t-il senti que ce serait là son dernier film, en tout cas je ne l'ai jamais connu tel (alors même que j'avais collaboré à presque tous ses films, depuis *LIEBELEI*, tantôt comme assistant, tantôt comme monteur, tantôt comme directeur de production, parfois les trois ensemble !). Je lui disais : *Mais, Max, quel gaspillage insensé : ce cirque, ce millier de figurants, ces maquilleurs, ces orchestres ! Les producteurs s'arrachent les cheveux...* Il me rétorquait : *S'ils ne sont pas contents, Baumchen* (c'est un diminutif de Baum qu'il me donnait, cela veut dire en allemand '' petit arbre ''), *s'ils ne sont pas contents, ils peuvent toujours aller demander à Colombier ou Berthomieu, qui leur feront ça très bien !* Et une fois de plus je m'efforçais d'aplanir les différends...

Il vivait constamment sur les nerfs. Avant guerre, c'était délà un peu cela, mais à l'époque de *LOLA*, c'était une tension perpétuelle, incroyable !

BENJAMIN FAINSILBER

Sensible... sincère... enthousiaste.

Quand je pense à lui, deux images me reviennent à l'esprit : un visage souriant, presque placide... des doigts en sang.

Max Ophuls, tel que je l'ai vu, un soir, à l'époque où il faisait le montage de *LA TENDRE ENNEMIE.*

Il venait de quitter l'usine. Nous roulions dans les rues à demi obscures. Il conduisait sa Ford, comme lui seul sait conduire — en somnambule.

Il évitait les obstacles machinalement.

Il embouteillait la circulation aux carrefours en s'arrêtant pour raconter un sujet de scénario tellement '' formidable '' qu'il en oubliait de repartir.

Il souriait. Il sourit toujours *a priori*.

Et de temps en temps, il portait une main à sa bouche, la rongeait, la mettait à vif, comme si elle avait été le cœur même de l'humanité — ce cœur qu'il aime dénuder et regarder battre.

Il a travaillé en Allemagne, en Italie, en France, en Hollande. On a voulu l'engager à Hollywood, à Londres, à Moscou.

C'est à Paris qu'il aime vivre. C'est à Paris qu'il est heureux de faire œuvre créatrice. Car il est soucieux de dignité humaine, épris d'enthousiasme. En faisant plus profondément connaissance avec lui, j'ai compris quel était son vrai pays.

Partout où il y a une émotion, une douleur, il peut dire : *Ici, je suis chez moi* !...

Et c'est un foutu pays que celui-là.

Par ses idées, par ses gouts, par sa préoccupation de l'humain, il passe pour un révolutionnaire.

C'est un sensible. C'est un sincère. C'est un enthousiaste.

Tout cela ne l'empêche pas d'être, en outre, un homme précis.

Il aurait pu se contenter d'être le réalisateur de *LIEBELEI*, refaire dix fois de suite le même film. Il lui suffisait d'apposer sa signature sur les contrats qu'on lui tendait.

Mais il y a une prérogative qu'il n'a jamais voulu abandonner : *le libre choix du sujet.*

Il a toujours des tas de scénarios épatants dans la tête — tous chargés de potentiel humain, cette dynamite — qu'il finira bien par réaliser un jour.

(1936)

JACQUES NATANSON

Il espérait rouler la vie...

En 1949, je reçois un coup de téléphone : Sacha Gordine.
— *Je vous passe un ami qui veut vous dire bonjour.*
J'entends jaillir la voix de Max :
— *Alors, Jacques, on fait un film ensemble* ?
— *Avec joie, à condition que cela ne déchaîne pas une nouvelle guerre* [2] !
Il étouffe de rire. Il était un merveilleux public.

Le film en question, c'était *LA RONDE.* Quand il fut achevé, nous étions brouillés, définitivement. Chaque fois, d'ailleurs, quand tout allait bien, le travail avec Ophuls était un enchantement. Quand tout allait mal, nous vivions un enfer, comme un mauvais ménage, jusqu'au divorce inclusivement. Ainsi est née une solide amitié qui nous permettait de nous rencontrer, hors travail, et d'agiter longuement, dans un verre de whisky, les problèmes sempiternels : les femmes, l'amour, le mariage, l'art, le progrès, la vie, la mort,

---

2. Allusion à leur collaboration pour le film *DE MAYERLING À SARAJEVO*, dont le tournage se termina à la déclaration de guerre de 1939.

le connu et l'inconnu, tout ce que ressassent les hommes avec le vain espoir d'y voir clair. Max était averti et naïf, suprêmement intelligent avec d'étonnants entêtements contre l'évidence et, par-dessus tout, il possédait cette chaleur, ce charme envoûtant des êtres qui aiment vivre mais qui n'aiment pas la vie ; ils la trouvent bête, ils espèrent la rouler.

Les considérations qui le guidaient ne manquaient pas toujours de bizarrerie. Pour *LOLA MONTÈS*, il me demande soudain :

— *Qui voyez-vous dans le cocher de Lola ? Je pense à Guisol.*

— *J'aime bien Guisol, mais j'estime qu'il est le contraire du personnage.*

— *Moi aussi. C'est pour ça que je le lui ferai jouer.*

Il misait avec frénésie sur l'antithèse de la convention et s'entichait soudain de l'effet le plus éculé.D'où nos bagarres homériques. J'ai eu longtemps parmi les producteurs la réputation d'être le seul qui pût tenir Ophuls. Ils voulaient dire : ''le retenir '', lui interdire certaines outrances. Ils m'ont reproché de ne pas l'avoir '' tenu '' pour *LOLA MONTÈS*.

Je me revois à Lausanne, un peu éberlué en dépit d'une longue habitude :

— *Mais, Max, ces sketches sur le passé de Lola, enfin ce que vous m'aviez annoncé comme des sketches, ce ne sont plus du tout des sketches, ce sont des fumées.*

— *Magnifique ! Des fumées ! C'est exactement ce que je voulais !*

— *Si vous préférez, ce ne sont pas des scènes mais des impressions.*

— *Splendide ! Ce serait un bon titre : Impressions.*

— *Alors, appelez ça : souvenirs.*

— *Formidable !*

Je compris qu'il serait, cette fois, formidablement difficile à tenir. J'étais perplexe. Nous l'étions tous : Annette Wademant, Ulla de Colstoun et Geiger, qui devait écrire la version allemande. Mais le problème changea d'aspect. Manifestement, Max cherchait le chef-d'œuvre. Il était inspiré, visité. Un scrupule me retint de me jeter en travers. Ai-je eu tort ?

Sans doute, puisque la sottise agressive de certaine critique, toujours myope et toujours tranchante, suivie de la bêlante imbécillité des snobs, intimidèrent le public, qui n'eut pas d'opinion. Sauf les vingt siffleurs, qui en avaient de suspectes.

De cette échec, Ophuls fut blessé, mortellement. Il disait, avec un triste sourir :

— *Je prendrai ma revanche dans vingt ans, dans les ciné-clubs* !

Il ajoutait, retrouvant son rire :

— *Malheureusement, dans vingt ans, je serai mort* !

Au contraire des critiques, il voyait loin, trop loin. Le destin n'a pas mis cinq ans à réaliser ses prophéties. Les deux, hélas !

JEAN VALÉRE

Passion et patience, technique et poésie.

Il avait un sens de la direction d'acteurs proprement éblouissant. Ce qui m'a frappé, c'est la passion — et la patience — avec lesquelles il dirigeait ses comédiens... C'était pour lui comme une obsession (due sans doute à sa formation théâtrale). Vous savez comment il procédait pour enregistrer une séquence, alors même que tout était prêt : évacuation complète du plateau, ne gardant que les acteurs, l'assistant (pas toujours) et la script ; encore fallait-il qu'il s'éloignât, se mît dans un coin et contemplât les opérations d'assez loin : le plateau de cinéma se transformait peu à peu en scène de théâtre... On répétait. Puis il prenait les acteurs à part, leur expliquant ce qu'il attendait d'eux. Il était, faut-il l'ajouter, absolument convaincant, à cent pour cent ! Dirigé par lui, on ne pouvait pratiquement pas être mauvais ! La caméra dans ces moments-là n'existait pas, ni les techniciens, attendant son signal au dehors. Ce n'est que longtemps après qu'il demandait à tous de revenir et que la partie proprement '' technique '' commençait.

C'était un improvisateur exceptionnel, et cependant rien chez lui n'était laissé au hasard : au contraire, tout se déroulait avec une précision également exceptionnelle, quasi mathématique... Ainsi par exemple, la tentative de suicide de Simone Simon, à la fin du *PLAISIR* : ce fut improvisé sans doute, mais quelle extraordinaire vérité dramatique, quelle précision inouïe dans la trajectoire de la caméra, '' collant '' littéralement au personnage !

La période préparatoire du *PLAISIR* (repérage des extérieurs, discussions avec Ophuls sur le choix des angles de prise de vues) fut, pour moi, passionnante. Ensuite, durant le tournage, je ne fus guère plus qu'un exécutant, préposé essentiellement aux accessoires, aux détails... Et croyez bien qu'il était extrêmement difficile de prévoir à l'avance quel accessoire insolite, inattendu, parfois invisible dans le plan, ou bien placé à quinze mètres de la caméra, mais ayant admirablement sa place dans l'ensemble, Ophuls allait — au dernier moment — me réclamer !

TONY ABOYANTZ

Un maître toujours jeune.

Le jour où Ophuls est mort, c'est le plus jeune metteur en scène français qui nous quittait. D'abord parce qu'il était resté effectivement très jeune de caractère, fréquentant aussi bien les gens de sa génération, au métier affermi, que des garçons comme Valère ou moi, qui avions une vingtaine d'années à l'époque. Ensuite parce que c'est un peu la jeune critique qui l'a découvert, Truffaut surtout, alors que les pontifes officiels du journalisme, la plupart d'un âge avancé, ont mis beaucoup plus de temps à le reconnaître : ils y sont venus toutefois, au fur et à mesure que notre art évoluait et (précisément) rajeunissait ses cadres. Enfin et surtout, ce qui est frappant, et va dans le même sens, c'est l'influence — avouée ou non — de Max Ophuls sur toute la *nouvelle vague* : Truffaut en tête bien sûr, mais aussi Astruc, Demy, Godard, Resnais même... Pour tous, Ophuls a été, sans nul doute, un précurseur. Ce qui me pousse à dire, encore, que s'il était actuellement parmi nous, il serait beaucoup mieux compris, et que c'est lui certainement qui nous montrerait le chemin.

Ophuls ne faisait ni du cinéma '' d'avant-garde '', ni du cinéma bassement commercial ; il s'efforçait, plutôt, de faire du film '' artistique '' tout en respectant les normes qui lui étaient imposées : ce fut le cas, on l'oublie trop souvent, pour *LA RONDE et MADAME DE,* tournés — relativement — en un temps record (pour l'époque... et le résultat obtenu). Evidemment, et c'est là qu'il nous surprenait tous, avec le film suivant, il se rattrapait, en se laissant aller, ne respectant plus le plan de travail, lâchant la bride de son inspiration et de la liberté créatrice... Mais cet aspect aussi témoigne de son extraordinaire jeunesse.

Pour la même raison, enfin (et pour d'autres, dont la xénophobie n'est pas la moindre), les jalousies qu'il a suscitées, au sein de la corporation, sont innombrables. Beaucoup de metteurs en scène, acteurs, techniciens, pratiquant un artisanat vieillot, à la petite semaine, faisaient des gorges chaudes de ses dépassements et de son dynamisme un peu espiègle. Il les dérangeait dans leur conformisme... D'une certaine critique et d'un certain public '' rassis '', on pourrait dire la même chose.

CHRISTIAN MATRAS

L'image et ses sortilèges.

Pour le technicien autant que pour le profane, c'était une impression étrange que l'on ressentait en pénétrant sur le '' plateau '' de Max Ophuls. Etrange parce que tous les éléments techniques étaient groupés autour de lui, en attente, capables de déclencher le mécanisme de la prise de vues sur un geste de sa part.

Mais ce qui comptait, c'était ce geste précisément — très simple en soi — mais infiniment riche de possibilités. C'était celui de l'enchanteur qui dispose d'une puissance d'autant plus impressionnante qu'on semblait être tout naturellement à sa merci. C'est tout naturellement en effet que procédait Ophuls et pourtant les sortilèges les plus inexplicables se trouvaient à sa portée pour l'aider dans sa tâche.

Ophuls s'efforçait avant tout de créer une certaine *ambiance* : pour lui-même d'abord, en s'isolant dans son décor, pour les autres ensuite, en tâchant de la leur expliquer une fois qu'il l'avait captée. Il se mettait, et nous plongeait, dans une sorte d' ''état de grâce '', et rien ne se faisait tant que cet état n'avait pas été atteint. Autant dire que la logique, en présence d'une situation donnée, ne l'intéressait guère. Ce qui comptait pour lui, c'était la *qualité de l'émotion* qu'il souhaitait dégager.

C'est dans ce sens qu'il nous demandait de travailler à ses côtés. Aussi ne donnait-il jamais d'indications précises sur le plan technique : il préférait s'attarder longuement à nous développer le caractère émotif de la scène. Les éléments auxquels il faisait appel, à tous les stades de la réalisation du film, étaient en somme d'ordre affectif. Et sa puissance de suggestion était telle qu'il obtenait toujours de nous exactement ce qu'il voulait.

Cela tenait presque, à vrai dire, du magnétisme, de la magie. Je suis à peu près certain qu'il croyait à l'influence occulte de certains objets. Pour lui, ces émanations mystérieuses, cette âme des objets (ou des personnages), si la caméra parvenait à les saisir, importaient bien davantage que la description brute de la réalité. On se rapproche là de l'école expressionniste de son pays, et il m'a souvent dit qu'il aurait aimé ressusciter, à sa manière, ce style expressionniste. En tout cas, il pensait pouvoir ainsi dévoiler le mystérieux envers des choses, aller au-delà des apparences, montrer enfin ce qu'il y a *derrière* la réalité. D'où l'importance accordée par lui aux tulles, aux miroirs, aux lustres qui dissimulent ou déforment une partie de cette réalité, mais savent aussi en capter les reflets les plus secrets et les plus changeants.

C'est pour la même raison qu'il devait penser que les chemins détournés sont de beaucoup préférables à tout autre pour qui prétend aller au cœur des choses : car la réalité qu'il entrevoyait était si fragile qu'une pénétration trop directe l'aurait détruite. Et voilà la justification de ces innombrables escaliers en spirale, ou longs travellings, qui contournent ou caressent la réalité sans jamais l'abîmer — et, par-dessus tout, préservent intact son charme initial, laissent circuler librement ce fluide mystérieux qui la gouverne, ne brisent point l'émotion délicate qu'elle recèle.

De la sorte, on paraissait toujours entrer avec lui dans un domaine qui était celui du fantastique, de l'étrange, aller à la découverte d'un monde inconnu, se superposant à celui défini par la logique journalière ; un monde où l'intuition remplaçait le raisonnement, où toutes les influences inexpliquées jouaient leur rôle. Il s'attachait passionnément à ces éléments mystérieux qui créent une ambiance comme s'il voulait leur donner une chance de s'exprimer. Sans doute souhaitait-il que l'image le leur permît. Autrement dit, il demandait à celle-ci de ne pas se présenter seulement sous un aspect physique, mais comme une entité spirituelle dont les répercussions seraient profondes.

ALAIN DOUARINOU

A la manière d'un chef d'orchestre.

Mon premier contact avec Ophuls, ce fut la mise en place de ce travelling presque interminable, au début de la *LA RONDE* , qui démarre sur Walbrook se promenant : de ma vie, je n'avais installé un travelling de cette importance, si long et si tourmenté ; on couvrait quatre plateaux à Saint-Maurice, et cela représentait (surtout pour l'époque) une réelle prouesse technique : le temps de mise en place a duré une journée ! J'ai dit à ma femme le soir en rentrant : *C'est de la folie* ! De plus, il me semblait qu'on ne voyait jamais les acteurs, j'arrivais à peine à les entrevoir de temps en temps derrière les feuillages, j'étais — réellement — effrayé ! Et puis...

Et puis j'ai fini par comprendre ce qu'Ophuls voulait. Et je me suis aperçu que le résultat était extraordinaire. De même, le grand mouvement à la grue autour de la maison Tellier dans *LE PLAISIR* : on a mis deux jours — une journée entière de mise en place, de réglage du plan autour de la '' maison '' entièrement construite avec ses trois façades praticables, et une autre journée plus une partie de la nuit pour le réaliser. C'était difficile, certes, pour ne pas dire impossible, mais... ce sont des plans qui restent ! Et tout cela ne se faisait que par la volonté, la ténacité d'Ophuls. Tous les mouvements de ses films, même les plus fous, il commençait par les *vouloir*, de façon irrésistible ; et ce qu'il voulait, il savait qu'il finirait par l'obtenir de nous, à l'usure ! Aussi bien est-ce avec Ophuls que j'ai donné, pour ma part, mon maximum.

Pour moi, Ophuls représentait cet énorme avantage de ne pas fixer une discipline à la caméra : il me faisait comprendre ce qu'il souhaitait, à demi-mot souvent, donnait peu d'indications de détail. A moi de me débrouiller avec le chef machiniste ! Ce qui lui plaisait, c'était que l'on tournât des séquences aussi longues que possible, en s'efforçant continuellement de *lier* le plus possible les attitudes et les mouvements des acteurs, ainsi que ceux de la caméra... Du reste, il ne parvenait à imaginer ses mouvements de caméra et sa mise en scène technique que lorsqu'il se trouvait sur le plateau, avec ses acteurs. C'était un improvisateur absolu.

Et il avait, par-dessus tout, cette façon unique de maintenir toute l'équipe sous son charme, de jouer de nous successivement à la manière d'un chef d'orchestre, sachant psychologiquement nous prendre séparément avec nos qualités et nos défauts, en ne faisant ressortir que nos qualités.

JEAN D'EAUBONNE

Une fantaisie débordante.

Il avait un don : sans palabres inutiles, il réussissait à créer sur le plateau une certaine ambiance, proche de la surexcitation, et dont le résultat était presque toujours heureux. Non qu'il nous poussât à faire des choses extraordinaires, mais (si je puis dire) spontanément l'on y venait pour lui ; car nous sentions parfaitement ce qu'il souhaitait, sans qu'il eût besoin de nous l'expliquer.

Ainsi, il se refusait catégoriquement à juger les décors avant de les voir terminés et de pouvoir entrer dedans (quitte à détourner la tête lorsque, pour regagner sa loge, il devait traverser le plateau où ceux-ci étaient en construction !). Le sachant très exigeant, nous nous donnions au maximum, durant cette phase préparatoire, afin qu'il fût content. Ce qui n'était pas toujours le cas !

J'avoue avoir éprouvé une réelle déception quand je sus que la caméra ne pénètrerait pas dans cette '' maison Tellier '' pour laquelle nous nous étions donné tant de mal...

On a parlé de gaspillage abusif à propos des décors de *LOLA MONTÈS*. Certes, Ophuls voyait grand. Il y eut la citerne emplie d'eau colorée, avec laquelle un assistant partait chaque matin pour repeindre les routes ; ou le voilage de la maison de Pagnol[3], dans la séquence Liszt, avec des kilomètres de tulle que nous avons fait venir tout exprès par avion de Bruxelles, la couleur des pierres ne rendant pas l'impression (automnale) qu'Ophuls désirait. C'était cher, peut-être, pour la France ; mais comparé à un budget de film américain moyen, cela n'avait rien d'excessif. La vérité est que l'on travaillait économiquement, avec les moyens du bord, à réaliser des décors chers !

---

3. Ce moulin, propriété effective de Marcel Pagnol, servit déjà de décor au film que réalisa ce dernier d'après '' La Belle Meunière '' de Schubert. C'était le lieu choisi par Ophuls pour la dernière soirée de Liszt et Lola.

Là où ce fut bien près du délire, c'est avec '' Le Mariage de Figaro '', à Hambourg : les décors surchargés des innombrables scènes tournantes se touchaient, dans les cintres, à près d'un centimètre ! Mais j'ai toujours connu Ophuls ainsi : lors du premier film pour lequel je travaillai avec lui, *DE MAYERLING A SARAJEVO,* il nous fit peindre un aigle bicéphale sur un tapis de vingt mètres carrés !

Une fantaisie débordante le guidait : tandis qu'il imaginait un décor '' dans l'espace '', tout en nous expliquant du geste et de la voix le mouvement des personnages, si l'on avait exécuté son plan à la lettre, les acteurs se seraient retrouvés bientôt la tête en bas... ou à la cave quand lui se promenait au sixième étage !

Cela dit, je n'ai jamais rencontré de metteur en scène qui m'ait permis de *penser* mes décors comme Max Ophuls.

PIERRE RICHARD-WILLM

Un enchanteur.

De tous les metteurs en scène qui me dirigèrent, Max Ophuls fut le seul, à ma connaissance, — sans doute parce qu'il joua lui-même au théâtre et y monta avec passion de nombreux spectacles, et qu'il savait par expérience qu'une fois le rideau levé, la scène devient le domaine de l'acteur, où tout concourt à l'aider, à le porter : discipline des coulisses, recueillement du public, déroulement inviolé de la pièce, — il fut le seul qui sut toujours, au studio, après la préparation fiévreuse et combien bruyante des '' plans '' successifs, de leurs éclairages, des '' travellings '' compliqués, de toute cette mécanique (qui d'ailleurs le passionnait aussi), faire abstraction, d'un coup, de toute cette matérialité, obtenir un silence total, s'approcher des acteurs, leur dire à voix basse exactement ce qu'il fallait, les envelopper de sa frémissante sensibilité, recréer cette '' concentration '' indispensable que le tohu-bohu d'usine venait brutalement démolir à chaque changement de plan. De ce point de vue, si capital pour l'interprète, il fut un pur artiste, un enchanteur.

PAULETTE DUBOST

Fantaisie et prouesses.

C'était un homme très bourru, très exigeant, méchant même, avec les gens qu'il aimait bien (surtout ceux-là). C'est ainsi qu'il me fit rester au studio, à la fin du tournage de *LOLA MONTÈS*, alors que mon rôle — bien effacé pourtant — était terminé depuis belle lurette et qu'aucune autre scène n'était prévue pour moi. Mais il fallait que l'on soit là, près de lui... Avec d'autres, on se serait rebiffé, on leur aurait claqué la porte au nez ! Il faut croire qu'avec lui c'était impossible, car personne ne l'a jamais fait.

Il modifiait parfois notre texte, au dernier moment. Ou bien, alors même qu'avait retenti le '' clap '', il lui arrivait de nous donner un accessoire, une petite valise, une cage, n'importe quoi, parce qu'il voyait le comédien les bras ballants et qu'il avait horreur de l'inactivité d'un personnage. Il fallait que ça bouge, comme dans la vie.

Il est vrai aussi qu'il n'hésitait pas à faire prendre, quelquefois, aux acteurs, des risques sérieux. La calèche surchargée de *LOLA MONTÈS*, lancée sur les pentes abruptes de Bavière, a bien failli nous coûter la vie, à Guisol et à moi ! Mais lui planait au-dessus du danger, de ces prouesses qu'il nous demandait, et que nous accomplissions pour lui faire plaisir... Il avait un tel charme ! C'était, comme Jean Renoir, un grand charmeur, auquel on ne pouvait *rien* refuser. Pour un Max Ophuls, je me serais sans hésiter couchée par terre même si sa caméra avait dû me passer dessus !.

PETER USTINOV

La plus petite montre du monde.

Certains metteurs en scène sont des peintres sur celluloïd, d'autres des sculpteurs, d'autres des bouchers ; Max était un distillateur.

Son esprit et ses moyens d'expression personnels reposaient entièrement sur les sens, il poursuivait et captait les effluves les plus suaves et l'acteur était souvent réduit à ne se déplacer que sur la pointe des pieds, tel un moine cloîtré, osant à peine respirer de peur d'arracher par son souffle quelque précieuse toile d'araignée au symbolisme essentiel. Il interrompait parfois une scène à cause d'un battement de paupières excessif, aussi déplacé qu'une fanfare dans un enterrement. En même temps, il n'y avait rien de solennel dans sa quête du détail muet qui parfois conduisait dangereusement ses acteurs au bord de l'insensibilité.

Son œuvre a souvent été qualifiée de baroque, mais ce qualificatif suggère une sorte de glorieuse extraversion, un abandon passionné. Or, il était le plus introspectif des metteurs en scène, un horloger qui n'a d'autre ambition que de fabriquer la plus petite montre du monde et s'en va ensuite, dans un éclair de perversité, la poser au sommet d'une cathédrale. Sa technique était fabuleuse, son imagination visuelle opulente, mais ses idées de base fort ténues, éphémères, secrètes, microscopiques.

ULLA DE COLSTOUN

Une gentillesse sans pitié.

La violence, légendaire, d'Ophuls vis-à-vis de ses proches et de ses collaborateurs, était, en somme, très cachée : il était, en fait, la gentillesse même... mais c'était une gentillesse sans pitié ! Il élevait rarement la voix, se mettait rarement en colère ; seulement, lorsqu'il voulait obtenir quelque chose, toujours d'une voix égale, il était capable brusquement de devenir glacial. Toujours très aimable, mais intransigeant... Ainsi, ce qu'il voulait, si irréalisable que ce fût, il était sûr de l'obtenir. Le mot impossible n'existait pas pour lui. *Tout* devait être possible.

Ma première rencontre avec lui date de 1950. Après avoir collaboré à un film tourné en zone française à Baden[4], je vins passer des vacances à Paris, où je retrouvai le régisseur du film, Fred Surin, qui me proposa de continuer à travailler en France pour le cinéma. Il m'envoya chez Ralph Baum, qui me dit qu'un metteur en scène de ses amis cherchait une secrétaire bilingue. « Allez le voir », me dit-il. Je pris rendez-vous avec Ophuls (c'était lui), nous nous vîmes au '' Prince de Galles '', il me demanda de venir à son bureau, tel jour à telle heure. J'y fus à l'heure dite, il était absent. Je l'attendis deux heures... Quand il arriva enfin, il me dit seulement : *Et pourquoi n'êtes-vous pas au travail* ? Depuis ce jour, je ne l'ai plus quitté — jusqu'à sa mort.

En dehors du travail, il était... adorable, je ne trouve pas d'autre mot. Lui qui était tellement tyrannique, despotique, avec ses collaborateurs, n'hésitant pas à les glacer sur place, il pouvait aussi bien, la minute suivante, faire preuve d'une gentillesse incroyable : on fondait alors comme beurre au soleil !

Il adorait l'automne... marchant pendant des heures, sans parler, dans les feuilles mortes et les sentiers de forêts. Ainsi, nous déambulions parfois tous deux, des heures entières, échangeant peut-être dix phrases !

Et avec cela, une vitalité, une capacité de travail inouïes ! Des nuits écourtées... dormant à peine... mûrissant l'idée d'un film quand il était en train d'en tourner un autre...

Que vous dire encore ? Qu'il s'était mis à collectionner, à la fin de sa vie, des cannes de verre, dénichées en fouinant chez les antiquaires... Que le comédien, parfois, ressortait chez lui (il se déguisait volontiers)... Qu'il ne racontait jamais une histoire : il la *voyait*. Tout ce qu'il disait, tout ce qu'il faisait n'était jamais en style indirect : c'était court, précis et *vu*. C'était du cinéma.

---

4. *LE JUGEMENT DE DIEU*, de Raymond Bernard (production Eugène Tuscherer).

Filmographie

suivie du répertoire des œuvres et travaux de Max Ophuls pour le théâtre, la radio et la télévision

Nous reprenons et complétons ici l'essai de radio-théâtro-filmographie de l'édition de 1963. Peu d'éléments nouveaux, à vrai dire, y figurent, sauf en ce qui concerne DIE VERKAUFTE BRAUT, qui a fait l'objet d'une analyse fouillée de la revue '' *Filmkritik* '' et la rubrique '' Projets '' (que nous aurions pu allonger démesurément en tenant compte d'innombrables ébauches, synopsis, projets vagues ou très avancés du cinéaste). Quelques lacunes subsistent encore, que nous ne désespérons pas de corriger un jour.

Les titres sont toujours donnés dans la langue originale du film considéré. Le titre français figure en regard, que le film ait été distribué en France ou non (dans ce deuxième cas, nous proposons une traduction littérale entre guillemets) [1]. Les points d'interrogation correspondent à des cas d'attribution douteuse, que nous n'avons pu élucider.

1930

NIE WIEDER LIEBE
(littéralement : '' Plus jamais d'amour '').
Calais-Douvres.
Allemagne 1930 - noir et blanc - 87'.
Production : UFA, Bloch-Rabinovitsch 1930-1931.
Réalisation : Anatol Litwak (version française : Jean Boyer).
Assistant : Max Ophuls.
Scénario et Adaptation : I. Von Cube et Anatol Litwak, d'après la pièce de Julius Berstel '' Dover-Calais ''.
Images : Franz Planer et Robert Baberske.
Musique : Misha Spoliansky et Hans-Otto Borgmann.
Interprètes : Lilian Harvey (Gladys), interprète du rôle dans les deux versions ; Harry Liedke (Mac Pherson), rôle tenu dans la v.f. par André Roanne ; Félix Bressart (Jean), v.f. Armand Bernard. Autres interprètes de la v.f. : Robert Darthez (Jack), Sinoël (Dr Baskett), Margo Lion, Guy Sloux, Frédéric Mariotti, Gabriello, Louis Brody, Rina Marsa.
Sortie : (en France) Paris, Cinéma des Champs Elysées, 22 septembre 1931.
Distribution : A.C.E.

Le travail d'Ophuls dans ce film (très médiocre), dont les deux versions furent réalisées simultanément, fut plutôt un rôle d'interprète-traducteur que d'assistant proprement dit. Il ne parut guère sur le plateau plus d'une dizaine de jours, étalés sur toute la durée du tournage.

1. Nous donnons, aussi souvent que possible, la date de la première présentation publique, sauf dans le cas où un long temps s'est écoulé entre la présentation '' corporative '' (producteurs et presse) et la sortie commerciale.

DANN SCHON LIEBER LEBERTRAN
(littéralement '' On préfère l'huile de foie de morue. '')
Allemagne 1930 - noir et blanc - 25 à 30' (40' selon certaines sources).
Production : UFA, 1930.
Réalisation : Max Ophuls.
Scénario : Erick Kästner. *Adaptation :* Emeric Pressburger et Max Ophuls.
Images : Eugen Schufftan.
Interprètes : Paul Kemp (saint Michel), Heinz Günsdorf (saint Pierre), Käthe Haack (la maman), Hannelore Schroth (la fille).

1931

DIE VERLIEBTE FIRMA
(littéralement '' Le Studio amoureux '').
Allemagne 1931 - noir et blanc - 1950 m. (2700 m. selon d'autres sources) 72'.
Production : D.L.S. (Les Producteurs Associés ?).
Réalisation : Max Ophuls.
Scénario : Hubert Marischka [2] et Fritz Zeckendorf. *Adaptation :* Bruno Granischstädten et Max Ophuls.
Images : Karl Puth.
Musique : Bruno Granichstädten, Grete Walter et Ernst Hauke.
Interprètes : Gustaf Frölich, Anny Ahlers, Hubert Von Meyerinck, Leonhard Steckel, Ernst Verebes, Werner Finck, Lien Deyers, José Wedorn, Fritz Steiner, Hermann Krehan.

1932

DIE VERKAUFTE BRAUT
La Fiancée vendue
Allemagne 1932 - noir et blanc - 2250 m. 76'.

Production : Reichsliga-Film 1932.
Réalisation : Max Ophuls.
Scénario et Adaptation : Curt Alexander, Jaroskav Kvapil (?) et Max Ophuls, d'après l'opéra-comique de Bedrik (Friedrich) Smetana '' Prodana Nevesta ''.
Images : Reimar Kuntze, Franz Koch, Herbert Illig et Otto Wirsching.
Musique : Théo Mackeben (arrangement : Robert Vambery).
Son : Friedrich Wilhelm Dustmann.
Décors et costumes : Erwin Scharf.

2. Ne pas confondre avec Ernest Marischka, son fils.

Interprètes : Max Nadler (le bourgmestre), Jarmila Novotna (sa fille, Marie), Hermann Kner (Micha), Maria Janowska (sa femme), Paul Kemp (Wenzel, leur fils), Willy Domgraf-Fassbender (Hans), Otto Wernicke (Kezal), Karl Valentin (Brummer, le directeur du cirque), Liesl Karlstadt (sa femme), Annemie Soerensen (Esmeralda, leur fille adoptive), Kurt Horwitz (le chanteur), Thérèse Giehse[3] (la speakerine), Max Schreck[4] (l'Indien), Ernst Zielgel, Karl Riedel, Richard Révy, Mary Weiss, Trude Haeflin, Dominik Loescher, Eduard Mathes-Roeckel, Max Duffek, Beppo Brem.

Tournage : Studios : Geiselgasteig. Extérieurs : Environs de Munich.

Sortie : (en Allemagne) Munich, 18 août 1932, Berlin, 2 septembre 1932 ; (en France) Paris, Capucines, 5 mai 1933.

Distribution : (en Allemagne) Héros-films, (en France) Sélection-Films.

DIE LACHENDEN ERBEN

(littéralement '' Les Joyeux héritiers '').

Allemagne 1932 - noir et blanc - 2000 m. 75'.

Production : U.F.A. 1932.

Réalisation : Max Ophuls

Scénario: Trude Herka. *Adaptation :* Félix Joachimson et Max Ophuls.

Images : Eduard Hœsch.

Musique : Clemens Schmalstich et Hans-Otto Borgmann.

Interprètes : Heinz Rühmann, Peter Brand, Lien Deyers, Max Adalbert, Lizzi Waldmüller, Ida Wüst, Julius Falkenstein, Walter Jannsen, Friedrich Ettel.

Tournage : Extérieurs à Assmaushausen (sur les bords du Rhin).

Sortie : (en Allemagne) Berlin, 6 mars 1933.

Selon certaines sources, auxquelles se sont tenus jusqu'ici les exégètes, ce film aurait été achevé en 1931 et se situerait donc, dans la filmographie de l'auteur, immédiatement après *DANN SCHON LIEBER LEBERTRAN ;* nous avons abandonné pour notre part, après mûre réflexion, cette chronologie suspecte (contredite par de nombreux recoupements) et certifions en tout cas les dates de production et de sortie indiquées ci-dessus.

LIEBELEI

Allemagne 1932 - noir et blanc, 2500 m. (certaines copies réduites pour l'exploitation à 2350 m.) 90'.

Production : Elite Tonfilm, Fred Lissa, 1932.

Réalisation : Max Ophuls.

Assistant : Ralph Baum.

---

3. Comédienne de théâtre éprouvée, dont la participation (discrète) à *LA FIANCÉE VENDUE* s'explique sans doute par l'amitié qui la liait de longue date au jeune Ophuls. Il devait la retrouver lors de son exil en Suisse au début de la guerre et l'employer à nouveau dans sa mise en scène radiophonique de '' La Nouvelle '' de Gœthe à Baden en 1954. On la retrouvera par la suite, notamment dans *LACOMBE LUCIEN* de Louis Malle (1974). Elle est morte en 1975, à l'âge de 76 ans.

4. Ex-Nosferatu le vampire dans le célèbre film de Murnau.

Scénario et Adaptation : Curt Alexander, Hans Wilhelm et Max Ophuls (conseiller), d'après la pièce d'Arthur Schnizler (en français '' Amourette '').

Images : Franz Planer.

Décors : G. Pellon.

Musique : Théo Mackeben (arrangement d'airs de Brahms, Mozart et Beethoven, notamment '' l'Enlèvement au sérail '' et premier mouvement de la Cinquième Symphonie).

Interprètes : Magda Schneider [5](Christine Weiring), Wolfgang Liebeneiner (lieutenant Fritz Lobheimer), Luise Ullrich (Mizzie Schlager), Willy Eichberger [6] (Théo Kaiser), Gustaf Gründgens (le baron Eggerdorff), Olga Tchekowa (la baronne), Paul Hörbiger (le violon Hans Weiring, père de Christine), Werner Finck (deuxième musicien), Théo Lingen (le régisseur du théâtre), Lotte Spira, Bruno Kastner, Walter Steinbeck.

Sortie : (en Allemagne) Leipzig, 3 mars 1933, Berlin, 16 mars 1933 ; (en France) Paris, Studio de l'Étoile, 1er mai 1933.

Distribution : (en Allemagne) Métropol-Filmverein, (en France) G.F.F.A.

UNE HISTOIRE D'AMOUR

(version française de **Liebelei**).

France 1933 - noir et blanc - 2400 m. 88'.

Production : Alma-Sepic, 1933.

Directeur de production : Ralph Baum.

Réalisation : Max Ophuls.

Assistant : Ralph Baum.

Scénario : identique à la version allemande.

Dialogues : André Doderet.

Images : (intérieurs) Ted Pahle.

Décors : (additionnels) Kahn et Arigon (Andréieff selon certaines sources).

Montage : Ralph Baum.

---

5. Avant *LIEBELEI,* qui la révéla et marqua de manière indélébile sa carrière, Magda Schneider n'avait guère pratiqué que l'opérette. On la revit ensuite dans quelques films médiocres (de Litvak et von Baky notamment). Après la guerre, elle guidera les premiers pas dans la carrière de sa fille Romy et ira même jusqu'à figurer, en silhouette, dans les films de celle-ci, qui n'est pas sans lui ressembler de façon frappante. La ressemblance sera d'ailleurs poussée un peu loin quand il s'agira pour cette dernière de tourner en 1958, sous la direction du tâcheron Pierre Gaspard-Huit, un '' remake '' de *LIEBELEI :* cette insulte à la mémoire de Max Ophuls (dont le nom ne fut même pas mentionné en générique, bien qu'il s'agisse d'un plagiat pur et simple, fort méchamment exécuté) s'intitula *CHRISTINE.* Christian Matras, Georges Auric, Jean d'Eaubonne, Jean Galland, entre autres, collaborèrent à ce film produit par Michel Safra, qui se vit aussitôt intenter un procès justifié et d'ailleurs gagné par les héritiers d'Ophuls. La traîtrise majeure était pourtant, selon nous, le fait de M. Hans Wilhelm, co-adaptateur du premier *LIEBELEI,* qui reparut ici en s'octroyant complaisamment la première place.

6. Transfuge du Burgtheater de Vienne, cet acteur, qui figurera dans *LOLA MONTÈS* (rôle du docteur), fit entre-temps carrière à Hollywood sous le nom de Carl Esmond.

Interprètes : Magda Schneider, ''Georges '' Liebeneiner, Gustaf Gründgens, Olga Tchekowa (mêmes rôles que dans la v.o.), Georges Rigaud (Théo), Simone Héliard (Mizzie), Abel Tarride (le père de Christine), Georges Mauloy (le colonel), André Dubosc (le concierge), Pierre Stéphen (Binder), Paul Otto (le major) [7].

Tournage : Studios de Joinville.

Sortie : Paris, Palais-Rochechouart, 26 février 1934.

Distribution : G.F.F.A. (ou Comptoir Français Cinématographique).

1934

ON A VOLE UN HOMME

France 1934 - noir et blanc. 2500 m. 90' (réduit pour l'exploitation en province à 1830 m.).

Production : Fox-Film Europa, Erich Pommer, 1934.

Réalisation : Max Ophuls.

Assistant : Ralph Baum.

Scénario et Dialogues : René Pujol. *Adaptation :* René Pujol et Hans Wilhelm.

Images : René Guissart[8].

Décors : Heilbronner.

Musique : Bronislav Kapper et Walter Jurman.

Interprètes : Henri Garat (le banquier Jean de Lafaye), Lili Damita (Annette), Fernand Fabre (Robert), Charles Fallot (Victor, un domestique), Nina Myral (la vieille dame), Pierre Labry (le balafré), Robert Goupil (Legros), Raoul Marco (l'Inspecteur), Lucien-Callamand, Pierre Piérade, Guy Rapp, André Siméon.

Tournage : Studios Paramount (Saint-Maurice) et Pathé-Natan (Joinville). Extérieurs : Côte d'Azur.

Sortie : 1ere p.p. : Paris, Marignan-Pathé, 13 mars 1934.

Distribution : Fox.

LA SIGNORA DI TUTTI

(littéralement '' La dame de tout le monde '')
Italie 1934 - noir et blanc.

Production : Novella Films, Emilio Rizzoli, 1934.

Directeur de production : Tomaso Monicelli.

Réalisation : Max Ophuls.

Assistant : Ralph Baum.

7. D'autres acteurs de la v.o., ont seulement fait l'objet d'un doublage sonore.
8. Guissart semble avoir cumulé ici les fonctions de photographe et de '' superviseur technique ''.

Scénario et Adaptation : Curt Alexander, Hans Wilhelm et Max Ophuls, d'après le roman de Salvator Gotta.

Images : Ubaldo Arata.

Son : Giovanni Bittmann.

Décors : Giuseppe Capponi.

Costumes : Sandro Radice.

Musique : Danièle Amfitheatrof (chansons de Daniel Dax).

Montage : Fernandino Poggioli.

Interprètes : Isa Miranda (Gaby Doriot), Nelly Corradi (Anna, sa sœur), Memo Benassi (Léonardo Nanni), Tatiana Pawlova (Alma, sa femme), Federico Benfer (Roberto, leur fils), Franco Coop (l'imprésario), Mario Ferrari (le metteur en scène), Lamberto Picasso, Vinicio Sofia, Attilio Ortolani, Alfredo Martinelli, Andréa Checchi, Elena Zareschi, Inès Cristina Zacconi, Giulia Puccini, Luigi Barberi, Achille Marjeroni, Mattia Sassanelli.

Tournage : Studios Cines (Roma).

Sortie : 1ère p.p. : (en France) Paris, Caumartin, décembre 1934.

1935

DIVINE

France 1935 - noir et blanc - 2200 m. 90'.

Production : Eden-Productions, Paul Bentata, 1935.

Réalisation : Max Ophuls.

Assistants : Ralph Baum et Pierre de Hérain.

Scénario : Colette, d'après son livre '' l'Envers du music-hall ''.

Adaptation : Jean George Auriol et Max Ophuls (conseillère : Colette de Jouvenel).

Dialogues : Colette.

Images : Roger Hubert.

Son : Fred Behrens.

Décors : Jacques Gotko et Robert Gys.

Montage : Léonide Moguy.

Musique : Albert Wolff (chansons de Roger Féral et Jean George Auriol).

Interprètes : Simone Berriau (Ludivine Jarisse, dite '' Divine ''), Catherine Fonteney (sa mère), Yvette Lebon (Roberte), Georges Rigaud (Antonin, le laitier), Marcel Vallée (le directeur de '' l'Empyrée ''), Paul Azaïs (Victor, le régisseur), Philippe Hériat[9] (le fakir Lutuf-Allah), Gina Manès (Dora) [10], Sylvette Fillacier (Gitanette), Thérèse

---

9. Avant de devenir académicien Goncourt et romancier de '' La Famille Boussardel '', Philippe Hériat avait paru dans quelques films (muets principalement). *DIVINE* fut, sauf erreur, son dernier rôle à l'écran.

10. Le rôle de Dora était prévu à l'origine pour Edith Méra, jeune première en renom qui devait mourir, d'un œdème du cerveau, à la veille du tournage, le 24 février 1935. Elle fut remplacée au pied levé par Gina Manès.

Dorny ('' La poison ''), Gabriello (Coirol, dit '' Néron '', le dompteur), Nane Germon (Zaza), Jeanne Véniat (Mme Martelli, la maîtresse de ballet), Pierre Juvenet (le gardien), Jeanne Fusier-Gir (Mme Nicou, la concierge), Roger Gaillard (Pierre-Paul), Lucien Callamand (premier inspecteur), Tony Murcy (deuxième inspecteur), Floyd Dupont (Fergusson) Paul Luis, Claude Roussel, André Siméon, Marie-Jacqueline Chantal...

Tournage : Studios Billancourt. Extérieurs : Région d'Hyères.

Sortie : Saint-Jean-de-Luz, août 1935. Paris, Ermitage, fin novembre 1935.

Distribution : SELF.

1936

VALSE BRILLANTE DE CHOPIN

('' Cinéphonie '').

France 1936 - noir et blanc.

Production : C.G.A.I. pour Fox-Film, 1936.

Réalisation : Max Ophuls.

Conception : Emile Vuillermoz.

Images : Franz Planer.

Musique : Frédéric Chopin

Interprète : Alexandre Braïlowski (piano).

Tournage : Studio Paramount (Saint-Maurice).

Sortie : 1ère présentation corporative : Paris, fin janvier 1936.

Distribution : G.F.F.A. puis C.F.F.

AVE MARIA DE SCHUBERT

('' Cinéphonie '').

France 1936 - noir et blanc. - 150 m. 5'.

Production : C.G.A.I. pour Fox-Film, 1936.

Réalisation : Max Ophuls.

Conception : Emile Vuillermoz.

Images : Franz Planer.

Musique : Franz Schubert.

Interprètes : Elisabeth Schumann (chant).

Tournage : Studios Paramount (Saint-Maurice).

Distribution : R. Borderie (?) puis C.F.F.

Certaines sources font état d'un commentaire additionnel de J. Monteux.

KOMEDIE VOM GELD

(littéralement '' la Comédie de l'argent '').

Hollande 1936 - noir et blanc - 2350 m. 81'.

Production : Cinetone Productie, Maatschappij. 1936.

Directeur de production : Willy Tuschinski.

Scénario : Walter Schlee. **Adaptation : Walter Schlee, Alex de Haas et Max Ophuls.**

Images : Eugen Schufftan et Fritz Meyer.

Son : I.J. Citroën.

Décors : Heinz Fenschel et Jan Wiegers.

Montage : Noël van Ess et Gérard Bensdorp.

Musique : Max Tak (arrangement : Heinz Lachmann).

Interprètes : Herman Bouber (Brand), Fini Otte (Willie, sa fille), Matthew van Eysden (Ferdinand, son beau-frère), Cor Ruys (le directeur de Moorman), Arend Sandhouse.

Tournage : Studios Cinetone (Amsterdam).

Sortie : (en Hollande) Amsterdam, Théâtre Tuschinski, 25 octobre 1936.

Distribution : (en Hollande) N.V. Marconi.

L'exploitation de ce film avant-guerre fut extrêmement brève (quelques jours d'exclusivité), et il ne semble pas avoir été distribué à l'étranger. Une réédition en 1953 par '' Centrafilm '' fut cependant visible en Angleterre.

LA TENDRE ENNEMIE

France 1936 - noir et blanc - 1800 m. 69'.

Réalisation : Max Ophuls.

Assistant : Ralph Baum.

Scénario et Adaptation : Curt Alexander et Max Ophuls d'après la pièce d'André-Paul Antoine '' L'Ennemie ''. **Dialogues :** André-Paul Antoine.

Images : Eugen Schufftan.

Cameraman : René Colas.

Son : Antoine Archimbaud.

Décors : Jacques Gotko.

Montage : Pierre de Hérain.

Musique : Albert Wolff (arrangement d'airs 1900, notamment '' Fascination '').

Interprètes : Simone Berriau (Annette Dupont), Catherine Fonteney (sa mère), Georges Vitray (son mari), Marc Valbel (son amant, le dompteur Rodrigo), Jacqueline Daix (Line), Maurice Devienne (le fiancé de sa fille), Lucien Nat (le marin), Pierre Finaly (l'oncle Emile), Germaine Reuver (tante Jette), Laura Diana (la fille de chez Maxim's), Camille Bert (le Dr Desmoulins), Roger Legris (le saint-cyrien), André Siméon et Henri Marchand (les extras), Janine Darcey (la cousine), Liliane Lesaffre (la marchande de fleurs).

Tournage : Studios Pathé-Natan (rue Francœur) et Cirque d'Hiver.

Sortie : Paris, Edouard VII, 12 novembre 1936.

Distribution : SELF.

Bien que terminé vers le printemps 1936, soit plusieurs mois avant le premier tour de manivelle de KOMEDIE VOM GELD, LA TENDRE ENNEMIE vit sa sortie retardée jusqu'à la fin de l'année. Sa place dans notre filmographie se trouve modifiée en conséquence.

1937

YOSHIWARA[11]

France 1937 - noir et blanc. 2400 m. 88' (version réduite)[12].

Production : Milo-Films. M.Milakowski, 1937.

Réalisation : Max Ophuls.

Assistant : Ralph Baum.

Scénario : Maurice Dekobra d'après son roman. *Adaptation :* A. Lipp (Arnold Lippschutz), Wolfgang Wilhelm, Jacques Companeez et Max Ophuls.

Images : Eugène Schufftan. Cameramen :René Colas et Paul Portier.

Son : Sauvion.

Décors : André et Léon Barsacq.

Montage : Pierre Meguérian.

Musique : Paul Dessau.

Interprètes : Pierre Richard-Willm (lieutenant Serge Polenoff), Mitschiko (ou Michiko) Tanaka (Kohana), Foun-Sen (sa sœur), Sessue Hayakawa (Isamo, le coolie), Roland Toutain (Pawlik, le midship), Camille Bert (le commandant), Lucienne Lemarchand (Namo), Gabriello (M. Pô, le patron de la maison de thé), Léon Larive (un marin), Ky Duyen (l'agent secret), Georges Paulais (un officier japonais), Maurice Devienne (l'officier russe), Philippe Richard (l'attaché russe), Martial Rèbe (le président du tribunal), Georges Saillard (le médecin).

Tournage : Studios Pathé-Natan (rue Francœur et Joinville). Extérieurs : Rochefort-en-Yvelines, Villefranche-sur-mer et Jardin japonais de la porte de Saint-Cloud.

Sortie : (1ère présentation corporative) Paris, Marignan, 23 juin 1937.

Distribution : Lux, puis Transunivers.

11. L'orthographe proposée par les distributeurs français fut tour à tour YOSCHIVARA, YOSHIVARA, enfin YOSHIWARA qui prévalut. Certains génériques portent : *Kohana, '' inspiré de Yoshiwara ''.*

12. Le métrage indiqué est celui de la copie actuellement en exploitation, laquelle comporte quelques coupures, notamment la séquence du bain des geishas.

1938

WERTHER (ou LE ROMAN DE WERTHER)

France 1938 - noir et blanc.

Production : Nero-Films, Seymour Nebenzahl, 1938.

Réalisation : Max Ophuls.

Assistant : Henri Aisner.

Scénario et Adaptation : Hans Wilhelm et Max Ophuls d'après le roman de Johann Wolfgang Gœthe " Les Souffrances du jeune Werther ".
Dialogues : Fernand Crommelynck.

Images : Eugène Schufftan.

Cameramen : Fedote Bourgassoff et C orges Stilly [13].

Script : Jacqueline Audry.

Décors : Eugène Lourié et Max Douy.

Costumes : Annette Sarradin.

Musique : Paul Dessau d'après des lieder, menuets ou motifs de Schubert, Haydn, Mozart, Grétry et Beethoven (notamment " Ich liebe dich ").

Montage : Jean Sacha et Gérard Bensdorp.

Interprètes : Pierre Richard-Willm (Werther), Annie Vernay (Charlotte), Jean Périer[14] (le président), Jean Galland (Albert Hochstätter), Paulette Pax (tante Emma), Georges Vitray (le bailli), Roger Legris (Franz, le valet), le petit Jean Buquet (Gustave, le frère de Charlotte), Génia Vaury (une fille), Denise Kerny (la bonne), Maurice Schutz (le bedeau), Léon Larive (le cabaretier), Joseph Nossent (le cocher), Philippe Richard (le grand-duc), Georges Bever (le chambellan), Edmond Beauchamp (le meurtrier), Henri Guisol (Schertz, le greffier), Léonce Corne (le majordome) et Henri Darbrey, Pierre Darteuil, Maurice Devienne, Martial Rèbe, Henri Beaulieu, Robert Rollis, Géo Ferny, Henri Herblay.

Tournage : Studios François 1er. Extérieurs : Ammerschwihr[15] et Mont Valérien.

Sortie : Paris, Gaumont-Palace, 17 novembre 1938.

Distribution : SELF.

---

13. L'équipe primitive d'opérateurs, qui semble avoir été remaniée entre-temps, comprenait en outre Marcel Grignon et Jean Delaunay.

14. Célèbre artiste lyrique, il chante, dans *WERTHER,* en particulier le lied " La Rose sauvage " de Schubert. Ne pas le confondre, comme font certaines filmographies, avec François Périer !

15. Ce pittoresque village des Vosges, où furent tournées de nombreuses scènes d'extérieur, devait être en partie détruit par les bombardements.

1939

SANS LENDEMAIN

France 1939 - noir et blanc. 2200 m. 82'.

Production : Ciné-Alliance et Inter-artistes films, Gregor Rabinovitsch et Oscar Dancigers, 1939.

Réalisation : Max Ophuls.

Assistant : Henri Aisner.

Scénario : Jean Villème (Hans Wilhelm). *Adaptation :* André-Paul Antoine, Jean Jacot (Hans Jacobi)[16] et Max Ophuls. *Dialogues :* André-Paul Antoine.

Images : Eugène Schufftan

Cameramen : Paul Portier, Delattre, Ferrier et Henri Alekan.

Son : Pierre Calvet.

Décors : Eugène Lourié.

Montage : Bernard Séjourné et Jean Sacha.

Musique : Allan Gray.

Interprètes : Edwige Feuillère (Evelyne Morin), le petit Michel François (Pierre, son fils), Georges Rigaud (le docteur Georges Brandon), Paul Azaïs (Henri), Daniel Lecourtois (Armand), Georges Lannes (Paul Mazuraud), Gabriello (Mario, le propriétaire de '' La Sirène ''), Pauline Carton (la bonne, Ernestine), Jane Marken (Mme Michu, la concierge de la pension), Mady Berry (la concierge d'Evelyne), Louis Florencie (un client), Roger Forster (un danseur) et Roger Maxime, Yvonne Legeay.

Tournage : Studios : Pathé-Natan (rue Francœur et Joinville). Extérieurs : Valberg et Montmartre.

Sortie : Alger, décembre 1939 ; Paris, Français (Théâtre Jacques Haïk), 22 mars 1940.

Distribution : Films Victoria.

1940

DE MAYERLING A SARAJEVO

France 1940 -noir et blanc - 2400 m. 89'.

Production : B.U.P. française, Eugène Tuscherer, 1940.

Directeur de production : Ivan Foxwell.

---

16. Ce mystérieux collaborateur, qui se dissimule sous le pseudonyme de Jacot (les consonances juives ayant à l'époque de moins en moins d'intérêt à s'avouer), fut peut-être présenté à Ophuls par Jacques Companeez. Ne pas le confondre avec Georg Jacoby, époux de Marika Rökk et nazi notoire. Notons d'autre part que certaines sources font état d'une collaboration, douteuse, de Curt Alexander au scénario de SANS LENDEMAIN.

Réalisation : Max Ophuls.

Assistants : Jean-Paul Dreyfus et Jean Faurez.

Scénario : Carl Zuckmayer. *Adaptation :* Curt Alexander, Marcelle Maurette, Jacques Natanson et Max Ophuls. *Dialogues :* Jacques Natanson (assisté d'André-Paul Antoine).

Images : Curt Courant et Otto Heller (supervision : Eugène Schufftan).

Cameramen : Jacques Mercanton, Robert Lefebvre, Viguier et Natteau.

Son : Girardon et Yvonnet.

Décors : Jean d'Eaubonne.

Costumes : B. Balinsky.

Montage : Jean Oser et Myriam.

Musique : Oscar Straus (orchestre dirigé par Marcel Cariven).

Interprètes : Edwige Feuillère (la comtesse Sophie Chotek), John Lodge (l'archiduc François-Ferdinand), Gabrielle Dorziat (l'archiduchesse Marie-Thérèse), Jean Worms (l'empereur François-Joseph), Marcel André (l'archiduc Frédéric), Colette Régis (l'archiduchesse Isabelle), Aimé Clariond (le prince de Montenuevo), Aimos (Janatchek, le cocher), Jean Debucourt (le ministre des Affaires étrangères), Jean-Paul Dreyfus (Prinzip), Henri Bosc, Gaston Dubosc, Jacques Roussel, Sylvain Itkine, Jacqueline Marsan, Henri Beaulieu, Edy Debray, Primerose Perret, Philippe Richard, le petit Jean Buquet, William Aguet, Monique Clariond, Francine Claudel, Geneviève Morel.

Tournage : Studios Eclair (Epinay) et Billancourt.

Sortie : Paris, Marignan, 1er mai 1940.

Distribution : Lux, puis Panthéon.

Commencé le 4 juillet 1939 aux studios d'Epinay, le tournage de ce film fut interrompu par la déclaration de guerre, repris à la fin de l'année et terminé aux studios de Billancourt (avec une équipe réduite) en février 1940.

L'ÉCOLE DES FEMMES

(inachevé).

Suisse 1940 - noir et blanc.

Production : Suisse 1940.

Réalisation : Max Ophuls

Adaptation de la pièce de Molière, représentée au théâtre de Zurich.

Images : Michel Kelber.

Décors : Christian Bérard.

Interprètes : Louis Jouvet (Arnolphe), Madeleine Ozeray (Agnès) et la troupe de l'Athénée.

Ce projet d'Ophuls se situe pendant son exil en Suisse, après la débâcle de 1940. Faute d'argent, le producteur (dont nous n'avons pu retrouver la trace) abandonna le film très vite. Seuls quelques plans ont été tournés.

166

1946

VENDETTA

U.S.A. 1946 - noir et blanc - 2300 m. 84'

Production : Howard Hughes, 1946.

Réalisation : Max Ophuls, puis Preston Sturges, Stuart Heisler, Howard Hughes et Melchior Gaston Ferrer (Mel Ferrer), ce dernier signant le film.

Scénario et Adaptation : W.R. Burnett et Preston Sturges, d'après la nouvelle de Prosper Mérimée '' Colomba ''.

Images : Frank (Franz) Planer et Alfred Gilks.

Montage : Stuart Gilmore.

Musique : Werner Heyman.

Directeur artistique : Robert Usher.

Interprètes : Nigel Bruce (Orso della Rebia), Faith Domergue (Colomba, sa sœur) et Georges Dolenz, Hilary Brooke, Joseph Calleia, Hugo Haas, Robert Warwick, Donald Buka.

Sortie : (aux U.S.A.) 24 novembre 1950.

Distribution : R.K.O.

Ophuls ne dirigea effectivement le tournage de ce film que deux ou trois jours. Preston Sturges, ami du producteur, qui lui avait d'abord donné carte blanche, lui succéda, ne trouvant pas les méthodes d'Ophuls à son goût. Ophuls demeura néanmoins quelque temps encore sur le plateau, où son rôle se borna à dire, au moment convenu : '' Action '' et '' Cut '' ('' Moteur '' et '' Coupez '').

1947

THE EXILE

L'Exilé

U.S.A. 1947 - noir et blanc - 2650 m. 97' (certaines versions réduites à 92 m.)

Production : Fairbanks Company Inc. 1947.

Réalisation : Max Ophuls.

Assistant : Ben Chapman et George Lollier.

Scénario et Adaptation : Douglas Fairbanks Jr. et Max Ophuls, d'après le roman de Cosmo Hamilton '' His Majesty, the King ''.

Images : Frank Planer.

Effets spéciaux : David S. Horsley.

Son : Charles Felstead et William Hedycock.

Décors : Russel A. Gausman et Ted Offenbecker.

Montage : Ted J. Kent.

Musique : Frank Skinner.

Directeurs artistiques : Bernard Herzburn, Howard Hay et Hilyard Brown.

Interprètes : Douglas Fairbanks Jr. (le roi Charles II Stuart), Maria Montez (la comtesse de Courteuil), Paule Croset (Katie), Henry Danniell (colonel Ingram), Nigel Bruce (Sir Edward Hyde), Robert Coote (Pinner), Otto Waldis (Jan), Eldon Gorst (Seymour), Colin Keith - Johnson (capitaine Bristol), Milton A. Owen (Wilcox), Ben H. Wright (Milbanke), Colin Kenny (Ross), Peter Shaw (Higson), Will Stanton (Tucket) William Trenk, Michèle Haley.

Tournage : 63 jours (novembre-décembre 1947).

Sortie : (en France) Paris, Napoléon et Delambre, 11 juin 1948[17].

Distribution : Universal - International.

1948

LETTER FROM AN UNKNOWN WOMAN
Lettre d'une inconnue

U.S.A. 1948 - noir et blanc - 2500 m. 90'.

Production : Rampart Prod. John Houseman, 1948.

Réalisation : Max Ophuls.

Assistant : John Sherwood.

Scénario et Adaptation : Howard Koch et Max Ophuls, d'après la nouvelle de Stefan Zweig '' Briefe einer Unbekannten ''.

Images : Frank Planer.

Son : Leslie I. Carey, Glenn E. Anderson.

Décors : Russell A. Gausman et Ruby R.Levitt (avec la collaboration de Charles Baker).

Montage : Ted J. Kent.

Musique : Danièle Amfitheatrof.

Directeur artistique : Alexander Golitzen.

Costumes : Travis Banton.

Interprètes : Joan Fontaine (Liza Berndle), Louis Jourdan (Stefan Brand, le pianiste), Mady Christians (Mme Berndle), Marcel Journet (Johann Stauffer), John Good (le lieutenant Léopold von Kaltnegger), Carol Yorke (Marie), Art Smith (John, le domestique), Howard Freeman (M. Kastner), Otto Waldis (le concierge), Léo B. Pessin (le petit Stefan), Sonja Bryden (Mme Spitzer), Erskine Sandford (Porter).

Tournage : 42 jours (mai-juin 1948.)

---

17. Certaines copies de *L'EXILÉ* furent tirées sur pellicule teintée (procédé Sepiatone).

Sortie : (en France) Lord Byron et Olympia, 5 novembre 1948 (une avant-première eut lieu à Monte-Carlo le 16 août de la même année).

Distribution : Universal-International.

1949

CAUGHT

(littéralement '' Attrapée '').

L'Impasse, en Belgique.

U.S.A. 1948 - noir et blanc - 2400 m. 88'.

Production : Wolfgang Reinhardt Entreprise, 1949.

Réalisation : Max Ophuls.

Assistant : John Berry.

Scénario et Adaptation : Arthur Laurents, d'après le roman de Libbie Block '' Wild Calendar ''.

Images : Lee Garmes.

Son : Max Hutchinson.

Montage : Robert Parrish.

Musique : Frederik Hollender (Friedrich Holländer).

Directeur Artistique : Frank Sylos.

Interprètes : Barbara Bel Geddes (Leonora), Robert Ryan (Smith Ohlrig, son mari), James Mason (Larry Quinada), Franck Ferguson (le docteur Hoffmann), Curt Bois (Franzi), Marcia Mac Jones (la sœur de Leonora), Ruth Brady (Maxime), Natalie Schaefer (Dorothy Dale), Art Smith (le psychiatre), Sonia Darrin, Bernardine Hayes, Ann Morrison, Wilton Graff, Vicky Raw-Stiener, Jim Hawkins.

Tournage : mars 1949.

Ce film n'a jamais été distribué en France en exploitation commerciale.Il a seulement été montré à la Télévision.

THE RECKLESS MOMENT

Les Désemparés.

U.S.A. 1949 - noir et blanc -. 2200 m. 82'. (version française réduite à 79').

Production : Walter Wanger, 1949.

*Réalisation :*Max Ophuls.

Assistant : Earl Bellamy.

Scénario : Henry Garson et Robert W. Soderberg, d'après l'adaptation du roman d'Elisabeth Sanxay Holding '' The Blank Wall '', par Mel Dinelli et Robert E. Kent.

Images : Burnett Guffey.

Son : Russel Malmgren.

Décors : Frank Tuttle.

Montage : Gene Havlick.

Musique : Hans Salter.

Directeur artistique : Cary Odel.

Costumes : Jean Louis.

Interprètes : James Mason (Martin Donnelly), Joan Bennett (Lucia Harper), Geraldine Brooks (sa fille, Béatrice), David Bair (son fils David), Henry O'Neill (son beau-père, Mr Harper), Shepperd Strudwick (Ted Darby), Frances Williams (la cuisinière, Sybil), Roy Roberts (Nagle).

Tournage : novembre 1949.

Sortie : (En France) Paris, Le Paris, 16 mai 1950. (Présentation corporative).

Distribution : Columbia.

1950

LA RONDE

France 1950 - noir et blanc - 2650 m. 97'.

Production : Sacha Gordine, 1950.

Directeur de production : Ralph Baum.

Réalisation : Max Ophuls.

Assistants : Tony Aboyantz et Paul Feyder.

Scénario et Adaptation : Jacques Natanson et Max Ophuls, d'après la pièce d'Arthur Schnitzler '' Der Reigen ''. *Dialogues :* Jacques Natanson.

Images : Christian Matras.

Son : Pierre Calvet.

Cameramen : Alain Douarinou et Ernest Bourreaud.

Costumes : Georges Annenkov.

Montage : Léonide Azar.

Ensemblier : Christidès.

Musique : Oscar Straus (orchestration : Joe Hajos) (chanson de Louis Ducreux).

Interprètes[18] *:* (par ordre d'entrée en scène) Anton Walbrook (le meneur de jeu)[19], Simone Signoret (Léocadie, la prostituée), Serge Reggiani (Franz, le soldat), Simone Simon (Marie, la femme de chambre), Jean Clarieux (le brigadier sur le banc), Daniel Gélin (Alfred, le jeune homme), Robert Vattier (le professeur Schüller), Danielle Darrieux (Emma Breitkopf), Fernand Gravey (Charles, son mari), Odette Joyeux (la grisette), Marcel Mérovée (Toni, un piccolo), Jean-Louis Barrault (Robert Kühlen-kampf, le poète), Isa Miranda (Charlotte, la comédienne), Charles Vissière (le concierge du théâtre), Gérard Philipe (le comte), Jean Ozenne, Jean Landier, René Marjac, Jacques Vertan.

Tournage : Studios Saint-Maurice. 55 jours (23 janvier - 18 mars 1950).

Sortie : Le Touquet-Paris-Plage, 17 juin 1950 ; Festival de Venise, 27 août 1950 ; Paris, Balzac, Scala et Vivienne, 27 septembre 1950.

Distribution : Jeannic-Films.

1952

LE PLAISIR

France 1952 - noir et blanc - 2600 m. 95'.

Production : Stéra-Film CCFC, François Harispuru et Ben Barkay, 1951.

Directeur de production : Ralph Baum.

Réalisation : Max Ophuls.

Assistants : Tony Aboyantz et Jean Valère.

Scénario et Adaptation : Jacques Natanson et Max Ophuls, d'après trois contes de Guy de Maupassant '' le Masque '', '' la Maison Tellier '', '' Le Modèle ''.
Dialogues : Jacques Natanson.

*Images :*Christian Matras [sketches **I et II**], Philippe Agostini [**III**].

Son : Jean Rieul et Pierre Calvet.

Décors : Jean d'Eaubonne et Jacques Guth.

Costumes : Georges Annenkov.

Montage : Léonide Azar.

Musique : Joe Hajos et Maurice Yvain (thèmes d'Offenbach et chanson de Béranger).

Ensemblier : Christidès.

Cameramen : Alain Douarinou [**I et II**], Walter Wottitz [**III**], avec la participation de Jean Lalier[20], Rolland Paillas et Changlesy.

---

18. La distribution prévue à l'origine par le directeur de production Ralph Baum comprenait Louis Jouvet (rôle de Walbrook) et Marlène Dietrich (rôle d'Isa Miranda), qui furent indisponibles.

19. Rôle à transformation (il apparaît en cours de film sous divers déguisements : concierge, cocher, maître d'hôtel, machiniste, etc.). Dans le script, il est parfois désigné familièrement sous le nom de Poldy (le petit basset de Max Ophuls).

20. Nous mentionnons ce nom pour mémoire, et parce qu'il figure dans la plupart des filmographies. En réalité, Lalier collabora très peu de temps au film : deux ou trois jours.

Interprètes [21] : **I.** Claude Dauphin (le docteur), Janine Viénot (son amie), Jean Galland (Ambroise, '' le masque ''), Gaby Morlay (Denise, sa femme), Paul Azaïs (le patron du '' Palais de la Danse ''), Emile Genevois (le groom), Gaby Bruyère (Frimousse, partenaire du '' masque ''), Huguette Montréal, Liliane Yvernault (deux danseuses).

II. Madeleine Renaud (Mme Tellier), Daniel Darrieux (Rosa), Ginette Leclerc (Flora, dite '' Balançoire ''), Paulette Dubost (Fernande), Mila Parély (Raphaële), Mathilde Casadesus (Louise, dite '' Cocotte ''), Amédée (Frédéric, le garcon de café), Michel Vadet (un marin), Jo Dest (l'allemand), Claire Olivier (Mme Tourneveau), Charles Vissière (le vieux Normand), Zélie Yzelle (sa femme), Pierre Brasseur (Julien Ledentu, commis-voyageur en cotillons), Jean Gabin (Joseph Rivet), Hélèna Manson (Marie, sa femme), Joëlle Jany (leur fille, Constance), René Blancard (le maire), René Hell (le garde champêtre), et les clients de la Maison Tellier : Antoine Balpêtré (M. Poulin, l'ancien maire), Marcel Pérez (M. Duvert, l'armateur), Louis Seigner (M. Tourneveau, le saleur de poissons), Robert Lombard (M. Philippe, le fils du banquier), Henri Crémieux (M.Pimpesse, le percepteur), Jean Meyer (M. Dupuis, l'agent d'assurances), Palau (M. Vasse, juge au tribunal de commerce), Georges Baconnet (un client anonyme).

III. Daniel Gélin (Jean), Simone Simon (Joséphine), Michel Vadet (le journaliste sur la plage), Jean Servais (le chroniqueur)[22], René Pascal, Marcel Reuzé.

Tournage : Studio Saint-Maurice, Boulogne et Franstudio (Joinville). Extérieurs : Clécy et ses environs, Trouville et région parisienne. Eté/automne 1951.

Sortie : Paris, Rex et Normandie, 29 février 1952.

Distribution : Columbia.

Un autre sketch était initialement prévu à la place du '' Modèle :'' La Femme de Paul ''. Sa réalisation fut abandonnée, en partie pour des raisons financières.

1953

MADAME DE
France 1953 - noir et blanc - 2800 m. 100'.

Production : Franco-London-Films (Paris), Indusfilms, Rizzoli (Rome), 1953.
Directeur de production : Henri Baum.
Réalisation : Max Ophuls.
Assistants : Willy Picard et Marc Maurette (préparation : Tony Aboyantz).

---

21. A l'origine, un personnage supplémentaire, le cinéaste en mal de sujet, devait être interprété par Fernand Gravey ; quelques plans d'essai furent même tournés.

22. La voix de ce dernier se fait entendre également dans les deux sketches, comme s'il s'agissait de la voix même de Maupassant. Jean Servais lui prête son timbre rauque et fascinant. Notons qu'il fut doublé par Peter Ustinov dans les versions anglaises du film, et dans les versions allemandes par Anton Walbrook.

Scénario et Adaptation : Marcel Achard, Annette Wademant et Max Ophuls, d'après le roman de Louise de Vilmorin. *Dialogues :* Marcel Achard.

Images : Christian Matras.

Son : Antoine Petitjean.

Décors : Jean d'Eaubonne.

Costumes : Georges Annenkov et Rosine Delamare.

Montage : Boris Lewyn.

Ensemblier : Christidès.

Musique : Georges van Parys (thème d'Oscar Straus) et airs de Meyerbeer ('' Les Huguenots '').

Cameraman : Alain Douarinou.

Interprètes : Danielle Darrieux (la comtesse Louise de), Charles Boyer (son mari, le général André de), Vittorio de Sica (baron Fabrizio Donati), Mireille Perrey (la nourrice), Jean Debucourt (M. Rémy, le bijoutier), Serge Lecointe (Jérôme, son fils), Jean Galland (M. de Bernac), Hubert Noël (Henri de Maleville, soupirant de Mme de), Madeleine Barbulée (une amie de Mme de), Jean Degrave (le clubman, débiteur de Mme de), Georges Vitray (un journaliste), Beauvais (un majordome), Léon Walther (l'administrateur du théâtre), Guy Favières (Julien, le domestique de M. de), Jean Toulout (le président à l'ambassade), Robert Moor (un diplomate), Claire Duhamel (la nièce de M. de),Germaine Stainval (l'ambassadrice), Emile Genevois (une sentinelle), Pauléon (un huissier), Colette Régis (la vendeuse de cierges), Paul Azaïs (premier cocher), Albert-Michel (deuxième cocher), Georges Paulais, Michel Salina (témoins au duel), Roger Vincent, Charles Bayard, René Worms, Max Mégy, Gérard Buhr.

Tournage : Studios Boulogne. Extérieurs : Forêt de Rambouillet, aux confins du domaine d'Uzès.

Sortie : Paris, Colisée et Marivaux, 16 septembre 1953.

Distribution : Gaumont, puis Société Nouvelle des Acacias.

1955

LOLA MONTÈS
(ou Lola Montez).

France 1955 - Cinémascope Eastmancolor - 140'.(réduite pour l'exploitation à 110').

Production : Gamma-Films, Florida Films (Paris), Unionfilms (Munich), 1955.

Producteur délégué : Albert Caraco.

Directeur de production : Ralph Baum.

Réalisation : Max Ophuls.

Assistants : Willy Picard, Tony Aboyantz, Claude Pinoteau, Marcel Wall (Ophuls) et (pour la version allemande) Schlissleder.

Scénario et Adaptation : Jacques Natanson, Annette Wademant, Max Ophuls et (pour la version allemande) Franz Geiger, d'après le roman de Cécil Saint-Laurent ''La vie extraordinaire de Lola Montès ''. *Dialogues :* Jacques Natanson.

Images : Christian Matras.

Son : Antoine Petitjean.

Décors : Jean d'Eaubonne, Jacques Guth et (version allemande) William Schatz.

Costumes : Georges Annenkov, assisté de Madeleine Rabusson et Jean Zay, Monique Plotin, Marcel Escoffier (pour les robes de Martine Carol).

Montage : Madeleine Gug (deuxième montage : Etiennette Muze)[23].

Ensemblier : Christidès.

Cameramen : Alain Douarinou, Ernest Bourreaud, Henri Champion et Luc Miro.

Script-girls : Lucie Litchtig et Eva Ebner.

Interprètes : Martine Carol[24] (Marie Dolorès Porriz y Montez, Comtesse de Lansfeld, dite '' Lola Montès ''), Peter Ustinov (le grand écuyer), Anton Walbrook (le roi Louis 1er de Bavière), Ivan Desny (le lieutenant James, premier mari de Lola), Lise Delamare (Mrs. Craigie), Henri Guisol (Maurice, le cocher de Lola), Paulette Dubost (sa femme, Joséphine, servante de Lola), Oscar Werner (l'étudiant), Will Quadflieg (Franz Liszt), Jacques Fayet (le steward), Daniel Mendaille (le capitaine), Jean Galland (le secrétaire du Baron au foyer de l'opéra), Claude Pinoteau (le chef d'orchestre Claudio Pirotto), Béatrice Arnac (une écuyère), Willy Eichberger (Carl Esmond) (le docteur), Werner Finck (le peintre), Helena Manson (la sœur de James), Walter Kiaulehn (l'intendant du théâtre de la cour), Germaine Delbat (la stewardess), Gustav Waldau (l'oto-rhino), Willy Rösner (le premier ministre), Friedrich Domin (le directeur du cirqeu) Hélène Iawkoff, Betty Philipsen.

Tournage : printemps/été 1955 (28 février-29 juillet). Studios : Franstudio (Joinville), Victorine (Nice), Geiselgasteig (Munich). Extérieurs : Région parisienne, Bavière, Côte d'Azur et D.37.

Sortie : (en France) Paris, Marignan et le Français, 23 décembre 1955 ; (en Allemagne) Munich, Luitpold Theater, 12 janvier 1956.

Distribution : Gamma-Films.

---

23. Ce deuxième montage, réalisé à la demande des producteurs, contre la volonté d'Ophuls, fut projeté fin février 1957 au Monte-Carlo à Paris. Il trahissait considérablement le montage original, en prétendant restituer un ordre chronologique de la vie de Lola et en rassemblant les séquences du cirque, très abrégées, à la fin (durée 90 mn). Martine Carol prêta son concours à cette tentative maladroite, sinon sacrilège, en enregistrant un commentaire '' off '' dont nous n'avons pu retrouver le signataire.

24. Ludmilla Tcherina fut quelque temps pressentie pour ce rôle.

Projets

'' Le nombre de projets abandonnés ou seulement esquissés (des plus sérieux aux plus fantaisistes) dont Max Ophuls m'entretenait, presque chaque jour, est incroyable '', nous rapporte sa secrétaire, Ulla de Colstoun. Aussi bien convient-il de ne chercher dans cette liste qu'une énumération de titres fort incomplète, retenus ici, les uns parce qu'ayant été prononcés à plusieurs reprises par le cinéaste en présence de divers collaborateurs ou de ses proches, et qui paraissaient donc lui tenir à cœur, les autres parce qu'annoncés dans la presse ou ayant frôlé de peu la réalisation définitive. S'il est vrai que le génie d'un artiste réside parfois autant dans le choix d'œuvres avortées que dans celles parvenues au stade final de la création, nous pensons qu'une physionomie assez ressemblante d'un '' Ophuls idéal '' pourrait se dégager de ce qui suit.

1931

Un film avec Heinz Rühmann (titre non retrouvé). Il s'agissait, explique Ophuls dans ses '' Souvenirs '', d'une *farce militaire, avec les clichés habituels : troupiers abrutis ou malins, sous-offs forts en gueule, colonel scrogneugneu et cantinières affriolantes... Résigné, j'entrepris la préparation du découpage. Au bout de deux mois, je rendis mon tablier.*

1934

LE SCANDALE, d'après la pièce d'Henry Bataille, avec Gaby Morlay, prod. Vandor. A la suite d'obscures pressions, la réalisation de ce film sera confiée à Marcel L'Herbier.

1937

DERRIÈRE LA FAÇADE, la pièce d'Yves Mirande, inspira à Max Ophuls un projet assez avancé de comédie '' unanimiste '', et même l'idée d'un vaste complexe décoratif au Studio de Billancourt ; c'est finalement Mirande lui-même qui se chargea de la mise en scène, assisté de Georges Lacombe.

Même année : MARIA TARNOWSKA, FEMME FATALE. *Sc :* Jacques Companeez. *Adapt. et R. :* Max Ophuls. *Int. :* Kate de Nagy. *Prod. :* Diana-Films (Michel Safra) puis Filmexport (Albert Caraco), 1937. Il s'agissait d'une vie romancée de celle que la publicité présente comme « ayant incarné pour toute une génération la femme fatale... celle qui avait créé autour d'elle une auréole de légende... l'héroïne d'un grand procès en 1919 », comtesse, née à Saint-Petersbourg, meurtrière par amour (ou présumée telle), un personnage à mi-chemin d'Isadora Duncan et de Lola Montès, dont la destinée semble bien avoir fasciné Max Ophuls. Le projet sera abandonné vers la fin de l'année, après avoir été retenu successivement par deux maisons de production différentes.

1940

Un film de propagande pour la Légion Étrangère, tourné à la frontière espagnole. L'unique scène réalisée – aux dires d'Ophuls – fut celle du '' salut au drapeau '', avec pour figurants bénévoles quelque 10.000 mobilisables devant être envoyés le lendemain sur le front des Vosges. La division devait, toujours selon Ophuls, être anéantie peu après ; il ne restait d'elle que ces quelques mètres de pellicule, d'ailleurs jetés au ruisseau tandis que le cinéaste et sa famille fuyaient avec un minimum de bagages, vers des cieux plus cléments. Aucune confirmation de cette anecdote mystérieuse n'a pu nous être fournie. (cf. '' Spiel im dasein '', pp. 212 à 214).

Même année : *LA GRANDE TRAVERSÉE. Sc. :* Hans Jacobi. *Adapt. et dial :* Marcel Achard. *Mus. :* Oscar Straus. *Int. :* Victor Francen, Maria Lynn. *Prod. :* Ciné-Production Vix. *Sujet :* Une idylle entre un savant français et une danseuse sud-américaine, dans le cadre d'une traversée Amérique du Sud-France sur un grand paquebot. Le tournage (en deux versions : espagnole et fran-çaise) était prévu pour juillet 1940. C'est le dernier projet français de quelque envergure annoncé par la presse corporative de cette époque (voir " *La Cinématographie française* " du 1er juin 1940).

1941

ROMÉO ET JULIETTE AU VILLAGE, d'après la nouvelle de Gottfried Keller. Lors de son bref passage en Suisse, Max Ophuls mit en scène (cf. infra " Théâtrographie ", " Roméo et Juliette " de Shakespeare. Vers la même époque, il aurait été pressenti pour adapter à l'écran l'œuvre de Gottfried Keller, avec pour interprète Louis Jouvet (projet signalé par la " *Revue de l'Ecran'* ", 20 février 1941). Le film fut effectivement réalisé la même année par une équipe entièrement helvétique (cf. l'étude d'Hervé Dumont, in " *Travelling* " n°46, hiver 1976).

1947

S.O.S DAKOTA 53. Film inspiré par un accident d'avion fameux. Tournage prévu en cinq ver-sions (cf. " *L'Ecran français* ", 1er avril 1947).

1949

GIGI, d'après Colette. Ophuls, des U.S.A., écrivit à la romancière dans l'espoir d'acquérir les droits d'adaptation de son livre. Mais son ancienne script-girl, Jacqueline Audry, l'avait pré-cédé de peu.

1950

LA DUCHESSE DE LANGEAIS, d'après Balzac, avec Greta Garbo et James Mason, prod. Wal-ter Wanger. Il ne s'en fallut que de quelques dizaines de millions (introuvables) pour que cet ambitieux projet aboutît.

Été 1951

Le tournage du PLAISIR étant interrompu, faute d'argent, la Gloriafilm AG Zurich, une mai-son de production suisse, offre à Ophuls la réalisation de PALACE HOTEL, d'après un scénario de Richard Schweizer. *Photo :* Emil Berna. *Dir. Prod. :* Dr. Oscar Düby. *Interprètes prévus :* Paul Hubschmid, Käthe Gold, Anne-Marie Blanc, Gustav Knuth, Liliana Tellini, Lys Assia, Emil Hegetschweiler, Alois Carigiet et Claude Farell. Les pourparlers n'aboutissent pas, Ophuls vient à Zurich. Le film est finalement réalisé par un ancien acteur d'Ophuls, Leonhard Steckel (du Schauspielhaus Zurich) et l'opérateur Emil Berna, ancien assistant d'Edouard Tissé. La distri-bution initiale est maintenue.

1952

AUTOMNE, *Sc.* original de Max Ophuls et Peter Ustinov. *Int. :* Claudette Colbert (Phyllis), Anton Walbrook (Lorenzo) et... Georges Annenkov (le secrétaire de Lorenzo, Pavel). *Ext. :* Salz-bourg. Le script de ce film existe : il est admirable. cf. Bibliographie.

La même année : L'AMOUR DES QUATRE COLONELS, d'après la pièce de Peter Ustinov. Le script de ce projet existe également et serait, selon Ralph Baum, " parmi les meilleurs d'Ophuls ".

1953

Pour Alexander Korda, THE BLESSING, d'après un roman de Nancy Mitford (titre fran-çais : " Ce cher ange "). Ophuls s'intéressa d'assez près à ce récit, pourtant peu dans sa manière. Le projet fut repris par la suite et réalisé par Sidney Franklin.

Même année, en France : MAM'ZELLE NITOUCHE, avec Fernandel, prod. Robert Hakim. Des divergences assez vives s'élevèrent dès les premiers pourparlers avec les producteurs, effrayés par l'adaptation '' surréaliste et fastueuse '' (*dixit* le co-scénariste Jacques Natanson) qu'Ophuls leur proposait de la célèbre opérette. On pourra en lire un extrait caractéristique dans l'ouvrage de Georges Annenkov (pp.58-60).

1955

UNE SACRÉE SALADE, d'après le roman de Jacques Laurent. Ophuls était enthousiasmé par ce roman ; mais Alexandre Astruc l'avait déjà retenu - et ce fut LES *MAUVAISES RENCONTRES.*

1956

MODIGLIANI, *Sc :* le roman de Michel Georges-Michel '' Les Montparnos ''. *Adapt. :* Henri Jeanson, Jacques Natanson, Albert Valentin et Max Ophuls. *Dial :* Henri Jeanson. *R. :* Max Ophuls. *Déc. :* Jean d'Eaubonne. *Cost. :* Georges Annenkov. *Int. :* Yves Montand, Mel Ferer (pressentis) puis Gérard Philippe (Modigliani), Françoise Arnoul (Béatrice), Anouk Aimée (Jeanne). *Prod. :* Franco-London Films (dir. de prod. Ralph Baum), 1956. Le début du tournage de ce film était prévu pour l'été 1957. Jeanson et Ophuls préparèrent un découpage très poussé. L'entrée en clinique, puis la mort d'Ophuls retardèrent la réalisation, qui fut confiée, par le producteur, à Jacques Becker - à la suite d'une suggestion d'Ophuls lui-même (nous certifions ce détail). Comme on pouvait s'y attendre, et comme c'était son droit, Becker modifia considérablement le découpage primitif. Ce qui provoqua la fureur du co-adaptateur et le retrait de certains membres de l'équipe d'origine. Un procès fut même entamé. Le film définitif, intitulé MONTPARNASSE *19,* n'en porte pas moins la dédicace '' A la mémoire de Max Ophuls ''. En tant qu'ouvrage imputable à Jacques Becker (et comme tel, d'ailleurs, hautement estimable), il ne nous intéresse plus ici.

ADOLPHE, d'après Benjamin Constant.

L'AFFAIRE DREYFUS, projet né d'une conversation avec le producteur Pierre O'Connell.

L'AMI FRITZ, d'après Erckmann-Chatrian, avec Jean Gabin.

L'ANGE DU QUAI DE TOKIO (?).

L'ASCENSION DE FANFARON IV, d'après un fait divers relaté par '' *Paris-Match* '' n° 348, reportage de Joël le Tac (d'après une confidence d'Ulla de Colstoun).

LE BARBIER DE SÉVILLE, avec Arturo Toscanini au pupitre (vers 1935 ?).

LA BELLE HÉLÈNE, d'après l'opérette de Meilhac et Halévy, musique d'Offenbach.

BERTHA GARLAN, d'après Schnitzler (cf. RADIO), avec Danielle Darrieux.

BOBOSSE, d'après André Roussin.

LE BRAVE SOLDAT CHVÉIK, d'après Jaroslav Hasek.

CARMEN, production Carlo Ponti, avec Sophia Loren.

CHARLOTTE ET MAXIMILIEN, scénario de Marcelle Maurette, avec Pierre Richard-Willm et Edwige Feuillère (février 1949, projet repris en 1952.)

LE CHEVALIER A LA ROSE, d'après Richard Strauss.

LES CHEVALIERS DE LA TABLE RONDE, (en Grande-Bretagne, avec Douglas Fairbanks Jr.). Une comédie musicale avec Martha Eggerth et Jan Kiepura (à Hollywood, en 1944).

EGMONT, de Gœthe, musique de Beethoven. Un synopsis des premières séquences a été laissé par Ophuls.

FAUST d'après Gœthe (projet sans cesse remanié et différé).

LE GRELUCHON DÉLICAT, d'après Jacques Natanson.

LE HÉROS ET LE SOLDAT, d'après Bernard Shaw, production Alexander Korda.

HISTOIRE D'AIMER, d'après Louise de Vilmorin. *Je trouve chez Louise de Vilmorin le sens du destin qui m'avait déjà inspiré dans Schnitzler* (M.O.)

I AM A CAMERA, d'après John Van Druten. Prod. Romulus-Film, Londres (vers l'été 1954).

INTRIGUE ET AMOUR, d'après Schiller. L'amour unissant Louise Miller, fille d'un humble musicien, à Ferdinand, le fils du tout-puissant Walter, est assez proche de celui de Christine pour Franz dans *LIEBELEI*.

JE SUIS UN JUIF, scénario de P. Mesnier, production B.G.K. (vers 1933).

KABALE UND LIEBE, d'après Schiller, avec Montgomery Clift (à Hollywood, fin 1949).

KEAN, d'après Dumas (vers 1937 ?).

KINGDOM OF HAPPINESS, avec James Mason. La vie du Prince Floristan de Monaco.

LIAISON DANGEREUSE, d'après Choderlos de Laclos (sic).

LE LYS DANS LA VALLÉE, d'après Balzac.

LE LYS ROUGE, d'après Anatole France.

MAXIME, avec Charles Boyer — ou Vittorio de Sica. Max Ophuls avait été pressenti peu de temps avant sa mort pour tourner ce film qui sera finalement réalisé par Henri Verneuil.

LES MILLE ET UNE NUITS (projet assez avancé vers juin 1934).

MOZART, avec Oskar Werner (Mozart) et Maria Schell (Constanze). Le film sera tourné en 1956 par Karl Hartl.

L'OFFICIER DE LA GARDE, d'après Ferenc Molnar (vers 1934).

ONDINE, d'après Giraudoux.

LA PARURE, d'après Maupassant.

SENTIMENTAL JOURNEY, production Joe Pasternak pour R.K.O. (à Hollywood). C'est à Walter Lang qu'échut finalement la réalisation du film.

SIX PERSONNAGES EN QUÊTE D'AUTEUR, d'après Luigi Pirandello. Cf. interview de François de Montferrand (alias Truffaut) in '' *Radio-Cinéma-Télévision* '', n° 24, mai 1954 : *Je crois que le moment est venu pour moi*, déclare Ophuls, *de réaliser un vieux rêve : tourner '' Six personnages en quête d'auteur '', d'après Pirandello ; filmer la pièce en tant que pièce, en montrant l'envers des décors, suivre l'acteur dans les coulisses, etc. Mais j'adapterai '' Six personnages '' cinématographiquement : tout ce qui se passe sur une scène de théâtre se passera dans un studio de cinéma.*

LA TRAVIATA, avec Gene Tierney (en Italie, octobre 1951).

LE VERRE D'EAU, d'après Scribe.

UNE VIE DE CATHERINE DE RUSSIE, avec Ingrid Bergman.

LA VIE D'ISADORA DUNCAN, d'après l'autobiographie de l'artiste publiée chez Gallimard (1928, collection '' Les Documents bleus ''). Projet très avancé, découpage entièrement rédigé (et perdu, semble-t-il), auquel Ophuls tenait fort.

UNE VIE DE MESMER (d'après une confidence de Christian Matras).

YVETTE, d'après Maupassant.

Nombre des projets ici recensés sont difficiles à dater de manière précise. Certains furent très avancés, d'autres ne sont que des titres jetés à la hâte sur ces innombrables feuillets intimes qu'Ophuls, superstitieusement, portait toujours sur lui, surtout durant les périodes d'inactivité, afin de les brandir avec enthousiasme dès qu'il rencontrait un producteur dans la rue ou au restaurant.

Ophuls aurait pu dire avec Wilhelm Meister (en transposant du théâtre au cinéma) : « Ma passion de porter à la scène tous les romans que je lisais, toute l'histoire que l'on m'enseignait, n'était rebutée par aucune matière... J'étais convaincu que tout ce qui charmait dans un récit devait faire beaucoup plus d'effet une fois représenté ; tout devait se dérouler devant mes yeux, tout devait se porter à la scène ».

THÉÂTRE

Max Ophuls n'était pas que cinéaste. Ou, si l'on préfère, le cinéma pour lui était... plus que le cinéma. Il n'est donc pas surprenant qu'il nous faille ici, exceptionnellement, déborder le cadre des travaux ordinaires d'un créateur de films pour dresser un répertoire d'activités théâtrales et radiophoniques dont on ne devra pas sous-estimer l'importance.

De 1923 à 1932, en Allemagne et en Autriche, d'abord sous forme de tournées en province, puis sur les scènes des deux capitales, Max Ophuls monta, pour le théâtre et l'opéra, une centaine de spectacles. Il n'est pas question de les énumérer tous ici. Mais cette première carrière conditionne de façon si profonde et si originale son œuvre de cinéaste qu'il serait impensable de l'ignorer. Avant de se lancer dans la mise en scène théâtrale, le jeune Ophuls fut, assez longtemps, acteur : c'est par là en effet qu'il débuta dans le monde du spectacle, à Sarrebruck, à l'âge de dix-sept ans. Il devint par la suite le prince prodigue de ce théâtre allemand des années 25, dont Max Reinhardt était le monarque incontesté. Cette période d'intense activité peut-être subdivisée sommairement comme suit :

1° LES DEBUTS

1919

Ophuls (qui porte encore son nom véritable : Oppenheimer) décide de se consacrer au théâtre et de devenir acteur. Il joue un petit rôle, sur la scène de sa ville natale, dans une comédie satirique de Gustav Freytag : ''Les Journalistes ''. En amateur, il écrit également, dans la gazette locale, quelques critiques théâtrales - qu'il juge, avec le recul du temps, beaucoup trop indulgentes ! Il fait également un peu de figuration à l'Opéra.

1920

Il joue les utilités au Grand Théâtre de Stuttgart, notamment dans '' Le Cadavre vivant '' de Tolstoï.

1921-1922

Il est engagé au théâtre d'Aachen (Aix-la-Chapelle) où il continue à interpréter de petits rôles, dans un registre très varié : de '' Gœtz von Berlichingen '' de Gœthe (rôle de Weislingen) aux opérettes de Strauss en passant par les pièces d'avant-garde, marquées par la tradition expressionniste. C'était, écrit-il, *amusant et instructif : faire de la corde raide entre les perruques poudrées et les symboles géométriques, voilà qui exige une habileté et une absence de conviction*[25], *qui, par la suite, devaient m'être fort utiles.*

---

25. *Le texte allemand dit exactement : '' Geschicklichkeit und Uberzeugungslosigkeit '',* ce que nous aimerions mieux traduire par '' faculté d'adaptation '' ou '' absence de préjugé '', esquivant ainsi la nuance légèrement péjorative de la traduction française de Max Roth.

1923-1925

Ophuls part en tournée à Dortmund. C'est là qu'un incident banal (net fiasco public dans un rôle dramatique où il se sentait mal à l'aise) lui vaut de passer, à titre d'essai, à la mise en scène. Dans cet emploi, auquel il ne croyait guère à l'origine, il se distingue très vite, à telle enseigne qu'il va monter, en moins de trois ans, près d'une pièce par semaine ! Gœthe, Shakespeare, Molière, Schiller, Tolstoï, Ibsen, Ben Hecht, Gerhart Hauptmann, Romain Rolland et des opéras de Verdi, Offenbach, Mozart sont successivement inscrits à son répertoire. Le théâtre devient peu à peu son milieu naturel, dans lequel il se trouve, dit-il, *mieux que dans la vie.*

Après Dortmund, on retrouve Ophuls metteur en scène au théâtre d'Elberfeld-Barmen : tous ses spectacles sont couronnés de succès, bien que la plupart soient montés à la hâte. Citons, au hasard : '' L'Heure de l'amour '', comédie de Dario Niccodemi ; '' Boccace '', opéra-comique de Suppé ; '' Colportage '', de Georg Kaiser[26]; des opé-rettes ('' La Chauve-Souris '', '' La Nuit de Venise '' etc.). Les théâtres rhénans reprirent à quelque temps de là ces mises en scène, faisant monter en flèche la réputation du jeune Ophuls.

2° VIENNE

1926

Il est engagé au Burgtheater de Vienne, l'équivalent autrichien de notre Comédie-Française : Ophuls, à vingt-quatre ans, est le plus jeune metteur en scène qu'ait connu l'illustre maison, qu'il décrit lui-même comme *une institution vénérable, fière d'un passé de plusieurs siècles, drapée dans la splendeur glaciale d'une tradition immuable,* où tout est *historique, authentique, terriblement vieux* (et pour mieux dire, en détachant les syllabes comme dans *LOLA MONTÈS : au-then-tique)* mais ne manque pas de *dignité,* Ophuls monte une vingtaine (?) de pièces, dont '' 2 fois 2 font 5 '', comédie de Gustav Vied ; '' Duel au Lido '', de Hans Rehfish ; '' L'homme aimé des femmes '', de Bernard Shaw ; '' Le Volcan '', '' enekomœdie '' (vaudeville matrimonial) de Ludwig Fulda. Il fait la connaissance de l'actrice Hilde Wall, l'une des vedettes les plus cotées de sa troupe, et l'épouse le 12 juillet ; elle renoncera à peu près complètement, pour lui, au théâtre[27].

3° FRANCFORT

1927

Il occupe successivement les fonctions de '' musikalischer Regisseur '' (directeur musical) puis d' '' Oberregisseur '' (metteur en scène principal) au Neue Theater de Francfort, où il monte une trentaine de pièces, dont '' Volpone '' de Stefan Zweig, '' La Prisonnière '' et '' Le sexe faible '' d'Edouard Bourdet, '' Léonce et Léna '' de Büchner,'' Anatole '' de Schnitzler, '' Le Roi des gueux '', d'Israël Zangwill, '' Le

---

26. Toute jeune, Hilde Wall avait acquis un renom considérable comme artiste dramatique. Avant de connaître Max Ophuls, elle avait joué à Vienne, Francfort et Munich des rôles tels que ceux de '' Marguerite '' de Faust, Claire d' '' Egmont '', Hermione d' '' un conte d'hiver '', Louise dans '' Intrigue et Amour '' de Schiller, et parmi bien d'autres encore, Christine dans '' Liebelei ''. Lorsqu'il la rencontra, Ophuls montait une pièce de Shaw : ''L'Homme aimé des femmes '', où elle tenait le rôle de Julie. Elle fut encore l'interprète de ''La Prisonnière'' de Bourdet dans une mise en scène de son mari (d'après Georges Annenkov, op. cit., p.74).

Dissipateur ", de Ferdinand Raimund, " La Vigne joyeuse ", de Carl Zuckmayer, " Le Greluchon délicat ", de Jacques Natanson, " La maison des trois jeunes filles " , d'après Schubert, etc.

4° BRESLAU

1928-1929

C'est, au Théâtre municipal de Breslau, devant un public nombreux et populaire (la masse ouvrière draînée, sur abonnements, par les syndicats), la période la plus ambitieuse — mais non la plus féconde : guère plus de vingt-cinq pièces. Ophuls exerce à présent un contrôle absolu sur ses mises en scène. Citons : " Le Marchand de Venise " et " Comme il vous plaira ", de Shakespeare ; " Le Malade imaginaire ", de Molière ; " La Cruche cassée ", de Kleist ; et surtout une pléiade d'auteurs contemporains : Ben Hecht, Bernard Shaw, Marcel Pagnol, André-Paul Antoine (" l'Ennemie "), Henri Duvernois et... Max Ophuls ! Il écrit en effet lui-même le texte d'une petite comédie humoristique, " Fips et Stips ", dont le manuscrit semble, hélas ! irrémédiablement perdu. C'était, d'après les souvenirs — actuels — de Marcel Ophuls, en l'honneur de qui elle fut écrite (pour son deuxième anniversaire) et qui conserva longtemps le sobriquet de " Stips " dans l'intimité ophulsienne, « un conte pour enfants, comme on en joue sur les scènes allemandes au moment des fêtes de Noël. Deux frères voyageaient dans le ventre d'une baleine et y faisaient la cuisine... Il n'y eut qu'un très petit nombre de représentation ».

5° BERLIN

1930

Ophuls part pour Berlin, invité par une " jeune compagnie " à diriger l'un de ses spectacles : " Fuite à Shanghaï " au Lessing Theater. En dépit de difficultés d'organisation multiples, c'est le succès.

De nombreuses propositions lui sont faites, parmi lesquelles il choisit de monter " The Royal Family " d'Edna Ferber et Kaufmann, au théâtre Barnowski. Nouveau très gros succès, qui lui vaut d'être catalogué " grand spécialiste de la comédie " par les directeurs berlinois. Il fréquente ou dirige, entre autres acteurs illustres, Käthe Dorsch, Félix Bressart, Hermann Thaller, Paul Hörbiger, Karl Valentin, Adolf Wohlbrück (devenu plus tard Anton Walbrook) : on retrouvera quelques-uns de ces noms au générique de ses films.

1931

Une seule pièce de quelque envergure, toujours au théâtre Barnowski : " Schwengel ". La découverte (passionnée) du cinéma tend à éloigner peu à peu Ophuls de sa première et féconde carrière.

1932

Ophuls délaisse de plus en plus son activité théâtrale. Le cinéma l'accapare désormais tout entier — et ne le lâchera plus jusqu'à la fin de sa vie. D'autre part, l'imminence de la menace hitlérienne fait passer au second plan (chez lui et chez bien d'autres) les préoccupations esthétiques. Il trouve tout de même le temps de monter quelques petits spectacles de cabarets, au " Catacombe " (avec Werner Finck ?), et une manière de comédie musicale : '' Je sais ce que tu ne sais pas. '' Sa dernière mise en scène vers la fin de l'année, est '' Der Star '', de l'Autrichien Hermann Bahr, interprétée par Käthe Dorsch, qui n'aura que quelques représentations et sera bientôt interdite par la censure nazie.

Pendant ses '' années de voyage '', Ophuls ne retrouvera que rarement l'occasion de revenir au théâtre. Un intéressant projet, malheureusement avorté, de mise en scène du '' Barbier de Séville '' de Rossini à la Scala de Milan, est à peu près tout ce qu'on peut retenir de la période 1932-1939. Cependant, la rencontre avec Jouvet, pendant l'exode, et l'ambitieux projet de filmer avec sa troupe '' L'Ecole des femmes '', vont ramener pour un temps Ophuls à ses premières amours : il profite d'un bref séjour en Suisse, où il s'est réfugié, pour monter deux pièces. Il semble que cette initiative ait été vivement encouragée par d'anciens amis allemands du théâtre, eux-mêmes émigrés à Zurich à l'avènement d'Hitler.

1940-1941

Au théâtre de Zurich, mise en scène de '' Heinrich VIII und seine sechste frau '', de Max Christian Feiller, et de '' Roméo et Juliette '', de Shakespeare. La première de ces pièces est représentée pour la première fois au Schauspielhaus (direction : Oscar Wäterlin) le 5 décembre 1940 (Ophuls étant arrivé en Suisse deux ou trois semaines auparavant). Les décors sont de Théo Otto, la musique de Paul Burkhard, les interprètes : Leonhard Steckel (Henri VIII), Margarethe Fries (Catherine Parr), Emil Stöhr (Seymour), Wolfgang Langhoff (le bourreau), Kurt Horwitz (Surrey), Hortense Raky, Erwin Parker, Wolfgang Heinz, Hermann Wlach, Mathilde Danegger. L'accueil public et critique ayant été excellent, Ophuls met en scène, au printemps 1941, pour le même théâtre, '' Roméo et Juliette '', dans la traduction de Hans Rothe. Les interprètes sont Karl Paryla (Roméo), Hortense Raky (Juliette), Thérèse Giehse (la nourrice), Wolfgang Langhoff (Mercutio), Wolfgang Heinz (Capulet père), Traute Calsen (Capulet mère), Fritz Delius (Escalus), Ernest Ginsberg (Tibalt), etc. L'accueil fut cette fois, très mauvais, la presse reprochant à Ophuls sa mise en scène trop '' cinématographique '', trop fluide — au détriment du texte. Ophuls avait prévu pas moins de quatorze changements de décors !

Ophuls et sa famille devaient, rappelons-le, quitter la Suisse vers la fin mars 1941.

Aux U.S.A., tous les projets d'Ophuls (au nombre desquels, semble-t-il, un '' show '' à Broadway sur lequel nous n'avons pu obtenir aucune précision) '' fondent '' les uns après les autres. Désormais l'obsession théâtrale sera seulement sublimée dans les admirables films de la fin, de *L'EXILÉ* (traitement du décor) à *LA RONDE* et *LOLA MONTÈS*. Et ce sera, à l'apogée d'une carrière mouvementée, le dernier terme du voyage : Hambourg.

---

27. Ici, un petit mystère subsiste : Ophuls, dans ses Souvenirs, prétend avoir monté, non cette pièce (médiocre), mais bel et bien l' ''Henri VIII '' de Shakespeare. Sources erronés de notre part... ou confusion volontaire de la sienne ?

1957

Au Schauspiel Theater, mise en scène de " Der Tolle Tag " (" La folle journée "), second titre — volontairement mis en avant par Ophuls — du " Mariage de Figaro ", de Beaumarchais. **Déc.** : Jean d'Eaubonne. **Cost.** : Georges Annenkov. **Coll.tech.** : Carl Brook, Friedrich Dedlow, Christian Schott. **Int.** : Marianne Kehlau (la comtesse), Max Eckard (le comte), Heinz Reincke (Figaro), Solveig Thomas (Suzanne), Ehmi Bessel (Marceline), Inge Adler (Chérubin), Wilhelm Walter (Bazile), Ella Büchi (Fanchette), Ludwig Linkmann (Antonio), Hermann Schomberg (Bartholo), Hans Irle (Don Guzman), Dieter Brammer (Le greffier), Rudolf Dobersch (l'huissier), Christian Rode (Pedrillo). Première représentation : Hambourg, le 5 janvier 1957.

Douze tableaux, douze décors chargés jusqu'aux cintres, une immense scène tournante (ou plutôt tourbillonnante), un seul entracte, très bref, au lieu des trois prévus dans la pièce : c'était le testament (flamboyant) d'Ophuls metteur en scène de théâtre, comme *LOLA* fut celui du cinéaste. Le succès fut triomphal : quarante-six rappels le soir et la première, qui (selon Georges Annenkov) " furent arrêtés à la demande de la direction, par haut-parleur, en raison de la fatigue des interprètes ". Mais Max Ophuls ne devait jamais voir son spectacle : le matin même de cette *folle journée,* il avait dû être transporté d'urgence dans une clinique de Hambourg. Jusqu'à sa mort, survenue trois mois plus tard, et au-delà, " Der Tolle Tag " allait, sans désemparer, faire salle comble.

RADIO

J'ai un penchant secret : la radio. J'aime beaucoup les pièces radiophoniques ; tout ce qu'on ne peut pas faire au théâtre ou au cinéma, je voudrais essayer de le faire à la radio. (Déclaration de Max Ophuls aux " *Cahiers du Cinéma* ", 1956). Cette attirance pour la mise en ondes n'est pas une vocation tardive. A trois reprises au moins dans sa carrière, Max Ophuls s'intéressa d'assez près à l'élaboration d'un art purement auditif (le huitième, selon certains). D'emblée, il y atteignit une réelle maîtrise — et éveilla en tout cas, chaque fois, la curiosité des auditeurs :

1° BRESLAU 1929

Nous n'avons, hélas ! aucune indication précise sur ces tentatives de jeunesse. Evoquant cette activité complémentaire de sa période théâtrale, Benjamin Fainsilber rapporte seulement qu'Ophuls " créa un style nouveau à la T.S.F. "[28]. Nous croyons savoir qu'il se distingua surtout dans l'utilisation, révolutionnaire pour l'époque, de mixages musicaux destinés à créer, parallèlement au texte, une "ambiance " particulière. Aucun enregistrement n'en subsiste malheureusement.

28. " *Cinémonde* ", article cité.

La Radiodiffusion française manquant singulièrement de '' voix '', aux jours sombres qui précédèrent l'armistice, Ophuls imagina, certain soir d'inaction forcée, de souhaiter, par le canal des ondes, une drôle de bonne nuit au héros du moment : Adolf Hitler, avec pour fond musical une célèbre berceuse allemande proche de notre '' Dodo l'enfant do ''... Il y joignit le tic-tac d'un métronome et un commentaire cinglant, disant à peu près :

Nous savons que vous souffrez d'insomnie, monsieur le Chancelier. C'est réellement désolant. Vous devez certainement savoir que l'une des méthodes les meilleures et les plus éprouvées, dans ce cas, est de compter. Voulez-vous essayer ce système avec nous ? Un, deux, trois pays assassinés... quatre, cinq, six, sept, continuez, monsieur le Chancelier... Comptez vos victimes en Autriche, 100, 200... celles d'Espagne et d'Allemagne, 100.000, 200.000... Vous ne pouvez pas dormir ? Continuons donc, vos victimes en Tchécoslovaquie, celles de Pologne... 1, 2, 3, 4 millions de victimes, monsieur le Chancelier. Vous avez certes bien gagné le droit de vous reposer après cela ! Vous pouvez avoir la conscience tranquille. Guten Abend, dormez bien et faites de beaux rêves. Bonne nuit, Adolf Hitler !.

Cette émission, anonyme, faisait partie d'une série de disques enregistrés dans la langue de Gœthe pour être diffusés chaque soir comme contre-propagande à l'usage des populations allemandes. Cette section de la Radiodiffusion française était placée sous la direction éclairée de Pascal Copeau (fils du célèbre directeur du Vieux-Colombier). Le texte d'Ophuls eut un grand retentissement et fut plusieurs fois retransmis : il fut publié in extenso dans le '' *Times* '' de Londres du 3 juin 1940. François Truffaut, en rapportant cet épisode peu connu de la carrrière d'Ophuls[29], le rapproche judicieusement de la séquence de *LOLA MONTÈS* où l'écuyer s'écrie, sarcastique : *Combien d'amants, Lola, combien ?... Ensemble, nous allons les compter...*

3° BADEN-BADEN 1954-1955.

Sur l'invitation de l'un de ses amis, producteur influent, Friedrich Bischoff (plus tard directeur de Radio-Stuttgart), Ophuls accepta de mettre en scène, à la radio allemande, deux ouvrages de son choix :

BERTHA GARLAN, d'après un récit d'Arthur Schnitzler. *Int.* : Käthe Gold, Bernard Wicki et Viert Westphal. *Accompagnement musical* : adagio de la 103° symphonie de Joseph Haydn.

'' La Nouvelle '', d'après un conte en vers et prose de Gœthe. *Int.* : Käthe Gold, Oscar Werner, Thérèse Giehse, Willy Birgel, Erik Schumann.

Vers la même époque, il s'amusa à tenir un rôle (important : celui du président malchanceux en amour) dans '' l'École des indifférents '', d'après Jean Giraudoux, mise en scène radiophonique de celui qui avait été, par réciprocité, son interprète dans Bertha Garlan : Viert Westphal. Il n'y fut pas très bon, s'il faut en croire les rumeurs.

---

29. '' Max Ophuls contre Hitler '' ('' *Cahiers du Cinéma, n°8* '')

En revanche, les deux mises en scènes qu'il signa furent, unanimement, considérées comme d'exceptionnelles réussites. Nul doute qu'Ophuls y ait laissé apparaître ce qui était probablement l'une de ses tendances les plus secrètes : un délicat intimisme, dans l'esprit de *LIEBELEI*, qu'il dut plus d'une fois sacrifier avec regret (au bénéfice du déploiement spectaculaire) dans ses mises en scène cinématographiques[30].

TÉLÉVISION

Max Ophuls ne travailla jamais directement pour la télévision. Il y songea pourtant sérieusement, vers la fin de sa vie (en France, 1954 environ), et forma notamment le projet d'une série d'émissions biographiques tirées de '' Lives '' d'Heinrich Wilhelm van Loon. Jean d'Arcy, alors directeur général des programmes de la T.V. française, ayant considéré d'assez haut ce '' jeune homme '' cherchant à s'affirmer par ce nouveau moyen d'expression, lui proposa vaguement une place de stagiaire dans ses services ! C'en fut assez pour éloigner Ophuls à tout jamais des antichambres de la rue Cognacq-Jay...

Mais il peut être intéressant de noter, par ailleurs, quel sort connurent ses films lorsqu'ils furent projetés sur les '' petits écrans '' du monde.

En 1956, *LETTRE D'UNE INCONNUE,* qui n'avait pas très bien '' marché '' dans les salles à sa sortie commerciale aux U.S.A., fit une nouvelle et féconde carrière à la T.V. américaine. C'est même, à en croire Ophuls (déclaration aux '' *Cahiers* ''), *un des films préférés de la télévision américaine.* Selon lui, ce phénomène de succès gagné '' en appel '' auprès des téléspectateurs s'expliquerait par le fait que *LETTRE D'UNE INCONNUE,* était une œuvre *trop intime* pour le grand écran mais convenant parfaitement à l'ambiance familiale de la télé, par laquelle on devient *complice* du film et des personnages. Et il concluait : *Cela devrait nous faire envisager l'avenir de la télévision avec beaucoup d'optimisme.*

Le 7 juillet 1959, *LA RONDE,* fut présenté (et commenté par nous-même) au '' Critérium du Film '' organisé par Marcel L'Herbier à la télévision française. Le succès ne répondit pas aux espérances. Dans le type de classement préférentiel demandé quelques semaines plus tard aux téléspectateurs, le chef-d'œuvre d'Ophuls arriva bon dernier, derrière *NOUS SOMMES TOUS DES ASSASSINS, LA VALSE DE PARIS,*etc.

En 1962, en France également, *MADAME DE,* reçut sur les petits écrans un meilleur accueil (non pas triomphal pour autant). Mais que dire de l'idée aberrante que

---

30. Un précieux témoignage sur disque nous reste de cette troisième période. Le texte de l'adaptation radiophonique de '' La Nouvelle '' (suivant de très près, d'ailleurs, le récit de Gœthe) a pu être, en effet, reproduit sur microsillon (durée : 45 minutes) et même mis en vente dans le commerce, en Allemagne et en Suisse, dans la série '' Cottas Hörspielbühne ''.

l'on eut d'y projeter, cette même année, *LOLA MONTÈS,* dans une version, annonça-t-on sans vergogne (ou bien était-ce de l'ironie ?), '' intégrale ''! C'est-à-dire décolorée et réduite aux dimensions ridicules — en l'occurrence — de l'image de télévision, rapetissée encore par des bandelettes horizontales voulant donner l'illusion de la largeur. Résultat : visages blafards, spectacle lilliputien, certains plans conçus spécialement pour le cinémascope (Lola et Liszt étendus en guirlande dans la calèche) mangés par la courbe de la lentille réceptrice : voilà un cache naturel qu'Ophuls n'avait pas prévu ! *LOLA* à la T.V., c'est Max Ophuls chez les Jivaros[31].

La télévision allemande (chaîne de Baden en particulier) fut plus respectueuse - ou bien est-ce le public d'outre-Rhin qu'il faut louer de sa meilleure '' réceptivité'' ? En tout cas, les films de notre auteur qui y furent projetés, souvent précédés d'hommages discrets et efficaces, obtinrent tous le plus franc succès.

En 1965, toutefois, une remarquable émission fut consacrée à Max Ophuls sur les chaînes françaises, dans le cadre de la série '' Cinéastes de notre temps ''. Les producteurs étaient Janine André-Bazin et André S. Labarthe, le réalisateur Michel Mitrani, les costumes de Christiane Coste. Participaient à l'émission, notamment : Georges Annenkov, Léonide Azar, Ralph Baum, Ulla de Colstoun, Jeau d'Eaubonne, Alain Douarinou, Sacha Gordine, John Houseman, Boris Lewin, Christian Matras, Marcel Ophuls, Jean Valère, Annette Wademant et : Martine Carol, Danielle Darrieux, Jean Galland, Daniel Gélin, Vittorio de Sica, Simone Simon, Peter Ustinov. Avec la participation du cirque '' Fanny '', des acrobates et funambules Andrée Jan, Mireldo et Mimi Paolo, la troupe des Timenon et les Weltarys. Des extraits de films d'Ophuls émaillaient cette émission, qui fut diffusée sur la 1ère chaîne le mardi 26 octobre 1965, à 21h.

D'autres rétrospectives et montages divers furent consacrés à Ophuls par la suite, sous la direction d'Armand Panigel et de Claude-Jean Philippe notamment. La télévision allemande lui a consacré un hommage en 1982.

---

31. A propos de cette projection, qui eut lieu le 14 janvier 1962, on pourra lire la bonne mise au point de Jacques Siclier, '' Le scandale de Lola Montès '' (in *Télérama*, n° 628).

Bibliographie

1. DECOUPAGES, TEXTES DE MAX OPHULS et ENTRETIENS

- *LE PLAISIR,* extrait du découpage, en anglais, *Sight and Sound,* Été 1952.
- «Nouvelle Eve et Vénus de Milo», réponse à une enquête sur la censure et l'amour à l'écran, *Cahiers du Cinéma,* décembre 1954.
- «Hollywood, petite île», *Cahiers du Cinéma,* Noël 1955.
- «Il faut tuer la publicité», *Arts* n° 549, janvier 1956.
- «L'art trouve toujours ses voies», *Cahiers du Cinéma,* janvier 1956.
- «Le dernier jour de tournage», *Cahiers du Cinéma,* mai 1956.
- «Mon expérience» et «Les infortunes d'un scénario», *Cahiers du Cinéma,* mars 1958.
- *LOLA MONTES,* extrait du découpage, en français, *Education et Cinéma,* septembre-octobre 1958.
- «SPIEL IM DASEIN», Henry Goverts, Stuttgart 1959.
- «SOUVENIRS», traduction de l'ouvrage précédent par Max Roth, avec des illustrations par Régine Ackermann-Ophuls, *Cahiers du Cinéma* nos 117 sqq., 1960-1962.
- «MAX OPHULS PAR MAX OPHULS», même texte en un volume, non illustré, préface de Hilde Ophuls, Robert Laffont, Paris 1963.
- *LA RONDE,* découpage intégral après montage, *L'Avant-Scène Cinéma,* avril 1963.
- Extraits de découpage de *LA RONDE, LE PLAISIR, MADAME DE, LOLA MONTÈS* et *MODIGLIANI,* in «MAX OPHULS» par Claude Beylie, Ed. Seghers 1963.
- Textes divers in *Filmkritik,* mars et mai 1967.
- *LOLA MONTÈS,* découpage intégral après montage, *L'Avant-Scène Cinéma,* janvier 1969.
- *AUTUMN,* découpage intégal, en anglais (*Revue Internationale d'Histoire du Cinéma* sur microfiches, n° 5, janvier 1975).
- *AUTOMNE,* extrait du découpage, en français; cinq lettres, deux contes et «Lola Montès en avant-première» (*Positif,* juillet-août 1980).
- Cf. aussi déclarations de Max Ophuls à la presse corporative, notamment *Unifrance Film Informations* n° 5, sur *MADAME DE.*

- **Benjamin Fainsilber** : Entretien autour de *DIVINE* et de *L'ENNEMIE, Cinémonde,* 19 décembre 1935.
- **Francis Koval** : Interview de Max Ophuls, *Sight and Sound,* juillet 1950.
- **Dieter Fritko** : Interview de Max Ophuls, *Frankfurter Rundschau, 28 novembre 1956.*
- **François Truffaut** : Rencontre avec Max Ophuls, *Arts,* 25 mai 1955.
- **Jacques Rivette** et **François Truffaut** : Entretien avec Max Ophuls, *Cahiers du Cinéma,* juin 1957.
- Cf. aussi **Claude-Marie Trémois**, *Radio-Cinéma-Télévision* n° 23, et **Michel Gall**, *L'Express,* 31 décembre 1955.

Pour une bibliographie exhaustive des articles publiés dans la presse allemande *(München Merkur, Deutsche Zeitung, Der Kurier,* etc.), cf. Georges **Annenkov**, infra.

2. SUR MAX OPHULS
Articles généraux, essais, filmographies

- **Henri Agel** : «LES GRANDS CINEASTES», Ed. Universitaires, Paris 1959, repris in «LES GRANDS CINEASTES QUE JE PROPOSE», Ed. du Cerf, Paris 1967.

- **Vincent Amiel** : «MOUVEMENTS DU BAROQUE, UNE ESTHETIQUE OPHULSIENNE», mémoire de maîtrise, Université de Montpellier II, 1979, inédit.
- **Georges Annenkov** : «MAX OPHULS», Ed. du Terrain Vague, Paris 1962.
- **Eugène Archer** : «MAX OPHULS AND THE ROMANTIC TRADITION», Yale University Press, 1956.
- **Claude Beylie** :«MAX OPHULS», Club du Livre de cinéma, Bruxelles 1958. «MAX OPHULS», Ed. Seghers, Paris 1963. «OPHULS», Anthologie du cinéma, tome I, C.I.B., Paris 1966. «Max Ophuls ou le cinéma purifié par le cinéma», *Cinéma 68,* n° 130, novembre 1968.
- **Jean-Jacques Brochier** : «MAX OPHULS», Dossiers du cinéma, Cinéastes I, Casterman, Paris 1971.
- **A. Carvalhaes** : «Cinéastes esquecidos. IX : Max Ophuls», *Celuloïde,* octobre 1966.
- **Roberto Chiti** : «Filmographie de Max Ophuls», *Bianco e Nero,* octobre 1957.
- **Philippe Demonsablon** : «Max Ophuls et l'école du roman», *Revue des Lettres Modernes,* été 1958.
- **Benjamin Fainsilber** : «Les princes du studio : Max Ophuls», *Cinémonde,* 1936.
- **O. Garaycochea** : «Max Ophuls : el tema de la superficialidad transcendente», *Contracampo* n° 3, La Plata 1960.
- **Mario Gerteis** : «Max Ophuls : Seine Welt, sein Vermächtnis», *Cinéma* n° 29-30, Suisse 1962.
- **Alfred Guntzel** : «Max Ophuls», *Mann und Welt,* juin 1955.
- **Fritz Kempe** : «Max Ophuls», *Film Bild Ton,* vol. 7 n° 12, 1958.
- **Gérard Legrand** : Note sur Max Ophuls in «CINEMANIE», Ed. Stock, Paris 1979.
- **Pierre Leprohon** :«Max Ophuls» in «PRESENCES CONTEMPORAINES/CINEMA», Ed. Debresse, Paris 1957.
- **Michele Mancini** : «Max Ophuls», *La Nuova Italia,* Florence 1978.
- **Michaël Ratcliffe** : «The Ophuls' Glitter», *Films and Filming,* juin 1963.
- **Richard Roud** : «MAX OPHULS, A CRITICAL INDEX», British Film Institute, Londres 1958.
- **Andrew Sarris** : «Max Ophuls, an Introduction», *Film Comment,* été 1972 sqq.
- **Jacques Siclier** : «Max Ophuls a toujours recommencé le rêve de sa vie», *Télérama,* 24 mai 1970.
- **François Truffaut** : «Notre cinéaste de chevet», *Arts,* 3 avril 1957, repris et augmenté in «LES FILMS DE MA VIE», Flammarion, Paris 1975.
- **Paul Willemen** (sous la direction de) : «OPHULS», B.F.I., Londres 1978.
- **Alan Williams** : «MAX OPHULS AND THE CINEMA OF DESIRE» Thèse de l'Université de New Buffalo, 1977, inédit.
- Cf. aussi le catalogue édité par la Fondation Gulbenkian, Lisbonne 1983, à l'occasion de la Rétrospective Ophuls organisée par la Cinémathèque de Lisbonne.

Critiques, scénarios racontés et fiches filmographiques

- «RETROSPECTIVE OPHULS» : notices critiques sur *LA FIANCE VENDUE, LIEBELEI, LA SIGNORA DI TUTTI, DIVINE, LA TENDRE ENNEMIE, YOSHIWARA, WERTHER, DE MAYER-LING A SARAJEVO, L'EXILÉ, LETTRE D'UNE INCONNUE, CAUGHT, LES DESEMPARÉS, LA RONDE, LE PLAISIR,* par Claude Beylie, Charles Bitsch, Jean-Luc Godard, Louis Marcorelles et François Truffaut, *Cahiers du Cinéma,* mars 1958.
- SPECIAL ISSUE ON OPHULS : textes de G. Carey Foster Hirsch, M. Kerbel, William Paul et Andrew Sarris, *Film Comment,* volume 7 n° 2, 1971.
- «LE CINEMA DE MAX OPHULS» : textes de Louis Audibert, François Cuel, Emmanuel Decaux, Michel Devillers, Jacques Fieschi et Pierre Jouvet, *Cinématographe* n° 33, décembre 1977.
- *LA FIANCÉE VENDUE* : «Alles ist so gut wie richtig», par Frieda Grafe, *Filmkritik,* octobre 1970.
- *LIEBELEI* : «La passion de Liebelei», par Joseph Kessel, *Pour Vous,* 1er juin 1933. «Portrait de Max Ophuls à l'arrêt», par Christian Viviani, *Positif* n° 257/258, juillet-août 1982.

- *DIVINE* : Scénario raconté, *Le Film complet* n° 468. «Sur le plateau de Divine», reportage de Jacqueline Lenoir, *Cinémonde,* 11 avril 1935. Dialogues de Colette, in «COLETTE AU CINEMA», textes recueillis par Alain et Odette Virmaux, Flammarion 1975.
- *L'EXILÉ* : Scénario raconté, *Mon Film* n° 106.
- *LETTRE D'UNE INCONNUE* : Scénario raconté, *Mon Film* n° 120. Critique de José Zendel, *L'Ecran français*, 9 novembre 1948. Articles de Fred Camper, *Monogram* n° 5, 1974, Roger Grenspun, *Film Comment,* volume 11 n° 1, janvier-février 1975, et Robin Wood, in«PERSONAL VIEWS», Gordon Fraser, Londres 1976.
- *CAUGHT* : Article de Gavin Lambert, *Sequence*, automne 1949.
- *LES DESEMPARÉS* : Articles in *Framework*, automne 1976.
- *LA RONDE* : «Max Ophuls et La Ronde», par Karel Reisz, *Sequence,* 1952. «*Kleines Weiner Weltheather»,* par Günter Grol, in «MAGIE DES FILMS», Suddentscher, München 1953.
- *LE PLAISIR* : «Glanz und Grazie», par Günter Groll, op. cit. Fiche IDHEC, par Brigitte Guérin.
- *MADAME DE* : «Le Masque», par Jacques Rivette, *Cahiers du Cinéma,* novembre 1953. Critique de José Zendel, *Les Lettres Françaises* n° 483. Article de Lindsay Anderson, *Sight and Sound,* été 1954. Fiche IDHEC, par Michèle Robert. «Mouvements d'un couple et de la société», par Vincent Amiel, *Positif,* n° 257/258, juillet-août 1982.
- *LOLA MONTÈS* : Articles de François Truffaut et Philippe Demonsablon, revue de presse par Charles Bitsch, «billet» de Jacques Audiberti, «Lola aux pieds nus» par Jacques Siclier, *Cahiers du Cinéma* nos 55 et 56. «D'une mise en scène baroque», par Philippe Collin, *Etudes cinématographiques*, printemps 1960. Fiche in *Télé-Ciné*, par Dominique Delouche. Sur le nouveau montage, voir «Toujours sublime», par François Truffaut, *Arts*, 27 février 1957. Sur la nouvelle sortie en 1968, voir «Lola Montès sort de l'enfer», par Claude Veillot, *l'Express,* 21 au 27 octobre 1968.
- *MODIGLIANI* : voir polémique Jeanson-Becker in *Arts*, 23 avril 1958.

Témoignages et textes divers

- *Cinéma 57*, n° 18 : «Max Ophuls vivant», témoignages de Tony Aboyantz, Georges Annenkov, Georges Auric, Ralph Baum, Ulla de Colstoun, Danielle Darrieux, Jean d'Eaubonne, Henri Jeanson et Christian Matras, recueillis par Gaston Bounoure et Geneviève Coste.
- *Sight and Sound,* été 1957, témoignages de James Mason, Christian Matras, Jacques Natanson et Peter Ustinov.
- *Cahiers du Cinéma*, n° 81, mars 1958, traduction des textes de James Mason et Peter Ustinov parus dans *Sight and Sound.*
- Cf. aussi «A TOUJOURS, MONSIEUR JOUVET», par Madeleine Ozeray, Ed. Buchet/Chastel, 1966; «*AS TIME GOES BY»*, par Howard Koch, Harcourt Brace Jovanovich, 1979; «FRONT AND CENTER», par John Houseman, Simon and Schuster, 1979.

- *Cinema nuovo,* n° 108 : liste de films commentés.
- «ENCYCLOPAEDIA DELLO SPETTACOLO», tome VII : notice sur Max Ophuls et filmographie, Le Maschere, Roma.
- «DICTIONNAIRE DU CINEMA» : notice sur Max Ophuls par Christian Zimmer, Ed. Universitaires, 1966.
- «ENCYCLOPAEDIA UNIVERSALIS», Thesaurus Index, 1975 : note anonyme.
- «DICTIONNAIRE LAROUSSE DU CINEMA», 1984 : notice et filmographie.
- Cf. aussi les notes dans les HISTOIRES DU CINEMA, notamment Henri Colpi, Pierre Leprohon, Jean Mitry; l'«ENCYCLOPÉDIE DU CINEMA», par Roger Boussinot (Ed. Bordas); les «Fiches Monsieur Cinéma»; les programmes du National Film Theatre, mars-avril 1963 et novembre 1978, etc.

Table

CRÉDITS DES ILLUSTRATIONS

ROGER FORSTER : p. 86, 93, 106. — CHARLES P. RAFFIN : p. 25.
RAYMOND VOINQUEL : p. 7, 31, 128. -

Cahiers du cinéma : p. 111 b. - Ciné Bazar Minotaure : p. 37 b, 58. -
Cinémathèque Française : p. 94 h. - Cinémathèque de Toulouse : p. 111 h. -
Cinémathèque universitaire : p. 36, 37 h, 79.
Les documents non référencés proviennent des archives de Marcel Ophuls et de la Collection personnelle de l'auteur).

Dépot légal 2e trimestre 1984

Photocomposition - JET S.A - 528.81.81
Impression - TECHNIC'OFFSET - SEICHAMPS